『인물로 배우는 펀펀 역사』의 특징

　초등학생들에게 역사는 어렵게만 느껴집니다. 연대와 인물 이름, 업적 등을 외우다 보면 끝이 나지요. 게다가 어려운 단어들이 많아 어른도 머리를 내두를 정도입니다. 그러니 저학년에게는 '접근 불가' 과목처럼 보이지요.

　『인물로 배우는 펀펀 역사』시리즈는 이렇게 화석처럼 갇혀 답답한 역사를 동화만큼 흥미진진하게 구성했습니다. 역사적 사실을 변형시키거나 빼놓지 않으면서도, 통통 튀고 살아서 움직이며 머리에 쏙쏙 들어오게 서술했습니다.

　열두 명의 인물들이 남긴 주요 업적과 어렸을 적부터 품었던 생각을 공부하다 보면 저절로 꿈을 탐색하고 인성을 키우는 데도 도움이 될 것입니다.

　모든 인물은 시사와 연계해 흥미와 현실감을 높였습니다. 그리고 역사적 인물들에게서 얻은 교훈을 바탕으로 문제 해결 능력과 비판적 사고력, 구술 능력을 극대화할 수 있도록 만들었습니다.

인물사

3호에서 다룬 인물

소서노, 설총, 무왕, 연개소문, 혜초, 이성계, 홍길동, 정평구, 박문수, 정약전, 전봉준, 윤봉길 등 열두 명의 역사적 인물을 소개하며 인물과 관련된 역사를 배우도록 했습니다.

★역사적 인물들이 살던 시대의 특징과 그들이 어렸을 적부터 품었던 생각을 분석했습니다.
★역사적 인물들이 이룩한 업적과 그 업적을 이루는 과정은 물론 본받을 점을 문제로 제시했습니다.

부록

★한눈에 보는 한국사 연표
★문제 출제 의도와 해설이 담긴 답안과 풀이
★지침서는 홈페이지(www.niefather.com)에 탑재
　전화(1577-3537)로 신청하셔도 이메일로 보내드립니다.

인물로 배우는
편펀 역사 |3호|

차례 보기

1	고구려와 백제의 건국을 도운 소서노	3
2	우리나라에 유교를 널리 알린 설총	9
3	미륵사를 세운 백제 무왕	15
4	중국을 이긴 고구려의 연개소문	21
5	『왕오천축국전』 지은 혜초	27
6	조선을 세운 태조 이성계	33
7	백성의 영웅 홍길동	39
8	왜군을 물리친 '발명왕' 정평구	45
9	백성을 사랑한 암행어사 박문수	51
10	바다 생물 백과사전을 만든 정약전	57
11	평등한 세상을 꿈꾼 '녹두장군' 전봉준	63
12	조국의 독립 위해 목숨 바친 윤봉길	69
	답안과 풀이	75

1 고구려와 백제의 건국을 도운 소서노

소서노는 누구인가

소서노(?~?)는 고구려를 세운 주몽(재위 서기전 37~서기전 19)의 두 번째 부인입니다. 주몽이 고구려를 세우는 데 큰 도움을 주었지요. 나중에 첫째 부인이 낳은 아들 유리가 남편인 주몽을 찾아오자, 자신이 낳은 두 아들을 데리고 고구려를 떠나지요. 그리고 남쪽으로 내려가 둘째 아들 온조(재위 서기전 18~28)가 백제를 세우도록 돕습니다.

▲ 소서노의 모습을 상상해 새긴 조각상.

함께 읽으면 좋은 책

『두 국가를 세운 여장부 소서노』
김은희 지음, 북스 펴냄, 180쪽

고구려와 백제 두 나라를 세우는 데 공을 세운 소서노의 삶을 소개합니다.

생각하며 읽기

주몽을 도와 고구려를 세우다

　소서노는 졸본의 한 부족을 다스리던 부족장의 딸입니다. 그런데 남편이 전쟁터에 나가 목숨을 잃자 아버지를 도와 자기 부족을 이끌며, 비류와 온조 두 아들을 훌륭하게 키웠어요.

　어느 날 부여에서 온 주몽을 만났어요. 주몽은 강한 나라를 세울 꿈을 가지고 있었죠. 그때는 중국이 한반도의 북쪽을 다스리며 주변 부족들을 괴롭혔어요. 그래서 중국을 물리치려면 나라의 힘이 강해야 한다고 생각했어요. 그런데 나라를 세우려면 군대와 재물이 많아야 했어요. 주몽은 소서노의 도움이 필요했죠. 소서노도 자기 부족의 생명과 재산을 지키려면 힘이 필요하다고 생각했어요.

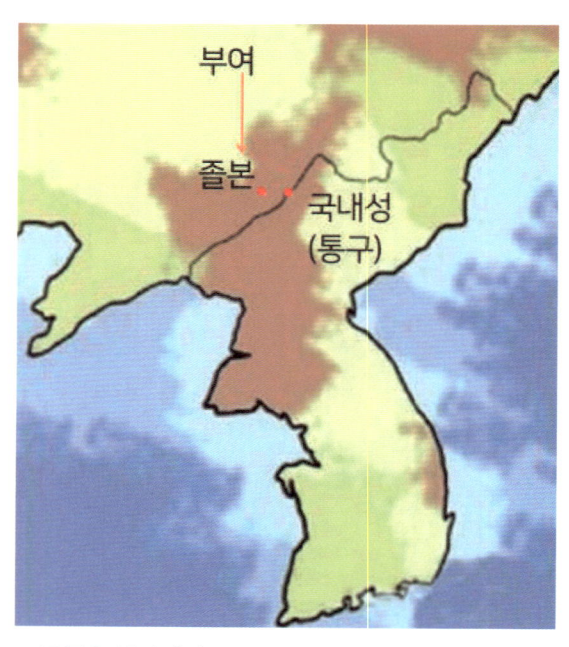

▲ 주몽은 부여에서 졸본으로 내려와 고구려를 세운다.

　소서노는 주몽에게 강한 나라를 세울 능력이 있다고 믿었어요. 그래서 주몽과 결혼해 그를 돕기로 결심했죠. 소서노는 주몽에게 군대와 재물을 내주고, 부족 사람들에게 잘 말해서 주몽을 왕의 자리에 앉혔어요. 이렇게 해서 소서노와 주몽은 서기전 37년에 졸본을 수도로 삼아 고구려를 세웠답니다.

이런 뜻이에요

졸본 고구려가 처음 수도로 삼은 곳. 지금 북한에 있는 압록강 중간 지역의 건너편 중국 땅에 있었다.
부여 우리 조상들이 지금 중국 땅인 한반도 북쪽 지방에 세웠던 나라.

둘째 아들 온조를 도와 백제를 세우다

주몽은 소서노의 믿음대로 나라를 잘 다스렸습니다. 군사의 수를 늘리고 힘을 길러 나라의 땅도 크게 넓혔지요. 그런데 주몽이 부여에 있을 때 그의 첫째 부인이 낳은 유리가 찾아왔어요. 주몽은 유리에게 왕의 자리를 잇게 하려고 했어요.

소서노의 두 아들은 실망해서 유리를 미워했습니다. 소서노는 자기의 두

▲ 온조가 백제를 세운 것을 기념해 찍어낸 우표.

아들과 유리 사이에 다툼이 일어날까 봐 걱정했어요. 그래서 새로운 땅으로 가서 새 나라를 세우기로 했습니다.

소서노는 두 아들과 신하들, 그리고 자신을 따르는 백성들을 이끌고 지금의 한강 남쪽으로 내려왔어요. 이곳은 넓은 평야와 큰 강, 높은 산이 있어서 나라를 세우기에 아주 좋았습니다.

소서노는 서기전 18년에 위례성을 수도로 삼아 백제를 세우고, 둘째 아들 온조를 왕에 앉혔어요. 첫째 아들 비류가 고집을 부리며 바다가 있는 인천쪽으로 내려갔기 때문이었죠. 소서노는 고구려를 세웠던 경험을 이용해 백제가 크게 발전할 힘을 기르도록 도왔습니다.

 이것만은 꼭!

주몽

주몽은 어머니가 주몽을 임신한 상태에서 왕비가 되어 부여의 왕궁에서 자랐어요. 주몽은 어려서부터 활을 잘 쏘고 말을 잘 탔죠. 그래서 부여 왕의 아들들에게 미움을 샀어요. 주몽은 자신을 죽이려는 그들을 피해 졸본으로 도망친 뒤 소서노를 만나 고구려를 세웠어요. 왕이 되어서는 나라의 땅을 크게 넓혔답니다.

▲ 2006년 문화방송(MBC)에서 방송한 '주몽'에 나오는 주몽의 모습.

졸본성

졸본성은 지금의 중국 땅인 오녀산에 있어요. 소서노와 주몽은 이곳을 고구려의 수도로 정했지요. 주변이 높은 절벽으로 둘러싸여 이웃 나라들의 공격을 막아 내기에 유리하다고 생각했기 때문이죠. 산꼭대기는 평평한데 둘레가 2킬로미터에 이른답니다. 큰 저수지도 있어서 많은 사람들이 살기에 알맞았지요.

▲졸본성이 있었던 곳으로 알려진 오녀산성.

위례성

위례성은 백제의 첫 수도였어요. 북쪽으로는 한강이 흐르고 동쪽으로는 높은 산이 있었죠. 남쪽에는 기름진 평야가 펼쳐져 있었어요. 1997년에 서울 송파구의 풍납토성에서 많은 백제 유물이 나왔는데, 학자들은 이곳이 위례성이었을 것으로 본답니다.

▲ 풍납토성에서 나온 백제 유물.

생각이 쑥욱

1 소서노는 왜 주몽을 도와 나라를 세우려고 했나요?

2 고구려는 졸본성을, 백제는 위례성을 수도로 정한 까닭을 말해 보세요.

졸본성을 수도로 정한 까닭	위례성을 수도로 정한 까닭

머리에 쏘옥

나라의 수도가 되려면

한 나라의 수도는 나라의 중심이기 때문에 여러 가지로 조건이 좋아야 합니다.

소서노와 온조는 백제의 수도를 정할 때 위례성을 골랐습니다.

한강은 북쪽의 적군이 위례성으로 들어오는 것을 막아 주었고, 높은 산은 적군의 침략을 받아 위태로울 때 방어하기에 좋았기 때문이었죠. 기름진 평야는 농사를 지어 백성을 배불리 먹일 수 있었습니다.

▲ 위례성

 생각이 쑤욱

3 소서노가 비류와 온조를 데리고 졸본을 떠나지 않았다면 어떻게 되었을까요?

▲ 소서노가 비류와 온조, 백성들을 데리고 고구려를 떠나는 모습.

4 내가 지금 나라를 세운다면 어떤 나라를 세우고 싶으며, 왜 그런지도 말해 보세요.

 머리에 쏘옥

나라를 세우는 마음

요즘에는 새로운 나라를 세우는 일은 거의 없어요. 하지만 옛날에는 서로가 땅을 차지하려고 싸우는 과정에서 새로운 나라가 많이 생기고 사라졌답니다.

약한 나라가 강한 나라에게 멸망당하기도 했고, 백성들의 마음을 얻지 못해 나라가 망하기도 했기 때문이었죠.

나라를 세울 때는 지도자가 어떤 마음을 가졌는가에 따라 그 모습이 달라진답니다.

먼저 국민을 편안하게 살도록 하려는 마음을 가져야 해요. 그래야 국민의 지지를 받을 수 있으니까요. 그리고 다른 나라의 침략을 받아도 이겨 낼 수 있는 힘이 있어야겠지요.

▲ 옛날에는 왕과 백성의 관계가 배와 물의 관계와 비슷하다고 생각했다.

2 우리나라에 유교를 널리 알린 설총

설총은 누구인가

설총(?~?)은 신라 시대에 유교를 널리 알린 학자입니다. 설총의 아버지는 불교를 믿는 스님인 원효대사(617~86)입니다. 원효대사는 설총이 나라를 위해 일하는 훌륭한 사람이 되길 바랐지요. 아버지의 뜻을 안 설총은 유교가 나라를 강하게 만들 수 있다고 생각했어요. 유교를 열심히 공부한 설총은 유교를 널리 알리기 위해 애썼답니다.

▲ 설총

함께 읽으면 좋은 책

『이야기로 왕을 깨우친 설총』
김부식 지음, 한국셰익스피어 펴냄, 42쪽

설총이 꽃에 관한 이야기로 왕에게 깨우침을 준 이야기가 담겨 있습니다.

생각하며 읽기

백성에게 나라 사랑 정신 가르치려고 유교 배워

설총은 어려서부터 천재로 소문이 날 만큼 똑똑했습니다. 아버지인 원효대사는 설총이 커서 나라와 백성을 위해 일하고, 신라를 강한 나라로 만드는 사람이 되기를 바랐습니다.

신라는 그때 이웃 나라인 백제나 고구려보다 힘이 약해 괴롭힘을 당했습니다. 그래서 나라를 강하게 만들 능력이 있는 사람들이 많이 필요했지요.

설총은 아버지의 뜻을 이루려면 불교보다 유교를 공부해야겠다고 생각했습니다. 유교에서는 백성은 나라에 충성하고, 임금은 백성을 자식처럼 사랑해야 한다고 가르쳤습니다. 그리고 자식은 부모님에게 효도해야 한다고 강조했지요. 그래서 설총은 유교를 널리 알리는 일이 나라를 강하게 만들 수 있는 방법이라고 생각한 것입니다.

▲ 경북 경주시 석장사 터 근처에서 발견된 비석(임신서기석). 신라의 두 젊은이가 유교의 가르침에 따라 나라에 충성할 것을 다짐하는 글이 새겨져 있다.

하지만 신라에는 그때 유교가 많이 알려져 있지 않았고, 설총을 가르칠 만한 스승도 없었습니다. 그래서 설총은 혼자 힘으로 유교의 가르침을 담은 책을 열심히 공부했습니다.

유교 가르침 이두로 정리해 널리 알리다

유교의 가르침을 담은 책은 중국말을 적는 한자로 되어 있었습니다. 그때는 우리말을 적는 한글이 없었기 때문에 한자를 쓸 수밖에 없었지요.

그런데 한자는 우리말과 달라 혼자 공부하기에는 무척 어려웠습니다.

그래서 설총은 유교의 가르침이 담긴 한자로 된 책들을 백성들이 알기 쉽게 이두로 다시 정리해 가르쳤습니다. 이두는 우리말을 한자로 쓸 때 우리말에 맞게 바꿔 쓰는 새로운 방식이었습니다.

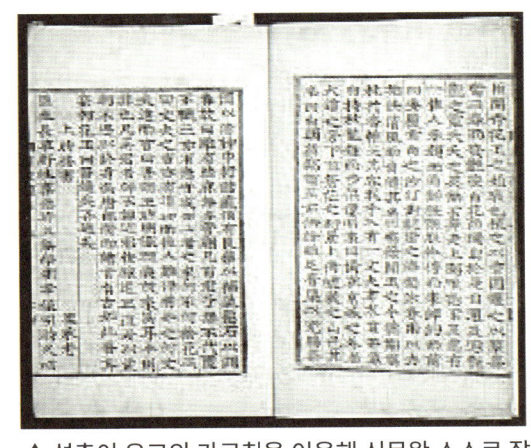
▲ 설총이 유교의 가르침을 이용해 신문왕 스스로 잘못을 알게 만든 이야기책(화왕계)의 일부분.

설총이 이두를 과거보다 발전시켜 짜임새 있게 새로 정리한 덕에 한자를 잘 모르는 백성들도 유교의 가르침이 담긴 책을 읽을 수 있게 되었습니다.

설총이 유명해지자 신문왕(재위 681~92)이 그를 불러 어떻게 하면 나라를 잘 다스릴 수 있는지 물었습니다. 설총은 임금에게 듣기 좋은 말만 하는 신하를 멀리하고, 정직한 신하를 가까이하라고 유교의 가르침대로 대답했습니다. 그러면 백성들이 편안하고 힘이 센 나라를 만들 수 있다고 말이지요.

▲ 경북 경주시 보문동에 있는 설총의 무덤.

이것만은 꼭!

이두

신라 시대에는 우리말을 적을 한글이 없었습니다. 그래서 중국의 한자를 가져다 썼지요. 하지만 중국말과 우리말은 순서도 다르고 표현 방법도 달랐어요. 그래서 한자를 빌려 우리말을 쉽게 적을 방법을 연구했지요. 한자를 우리말 순서에 맞게 적을 수 있도록 만든 것이 이두입니다.

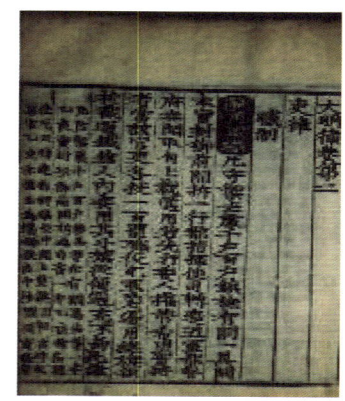
▲이두로 쓰인 책.

유교

유교는 사람이 가져야 하는 옳은 마음과 지켜야 하는 행동을 가르쳤습니다. 특히 나라에 대한 충성과 부모에 대한 효도를 중요하게 여겼습니다. 유교는 나라를 다스리는 데 필요한 지혜를 많이 알려 주었습니다. 백성이 유교의 가르침을 배우고 실천하면서 질서가 바로잡히고, 나라가 강해질 수 있었습니다.

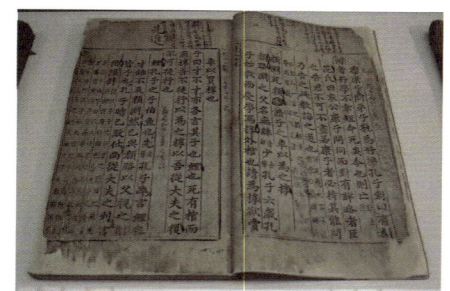
▲유교의 가르침을 적은 책(논어).

원효대사

원효(617~86)는 31세 때 스님이 되었습니다. 자신의 집을 절로 만들고, 부처의 가르침을 열심히 공부했습니다. 불교를 더 배우기 위해 중국으로 유학을 가던 길에 우연히 해골에 고인 물을 마신 뒤 지혜를 얻었답니다. 그 뒤 많은 책을 쓰고 사람들에게 불교를 널리 알리며 존경을 받는 스님이 되었습니다.

▲원효대사

생각이 쑥

1 유교의 가르침을 아는 대로 말해 보세요.

 머리에 쏘옥

한자와 한글

말을 글로 나타내려면 글자가 필요합니다.

신라 때는 우리말을 적을 한글이 없었습니다. 그래서 중국의 한자를 빌려 적었지요.

하지만 중국말과 우리말이 다른데다 한자는 글자 수가 너무 많아 백성들이 익혀 쓰기 어려웠습니다.

그 뒤 조선 시대 들어 세종(재위 1418~50) 임금이 우리말에 맞는 새로운 글자인 한글을 만들었습니다.

한글은 우리말을 소리 나는 대로 적을 수 있는 글자입니다. 그래서 모양을 흉내 내 글자 수가 많은 한자와 다르게 누구나 쉽게 배울 수 있지요.

▲세종대왕이 한글 만드는 일을 돕는 여러 학자들.

2 설총이 이두를 짜임새 있게 새로 정리하지 않았다면 유교의 가르침을 쉽게 알릴 수 없었을 거예요. 지금 한글이 없다면 어떤 일이 벌어질지 세 가지만 얘기해 보세요.

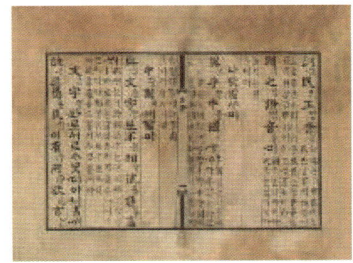
▲세종대왕이 만든 한글.

생각이 쑤욱

3 여러분이 설총이라면 백성들에게 어떤 방법으로 유교를 알리겠습니까?

4 설총이 신라를 강하게 만들기 위해 왜 유교를 퍼뜨렸으며, 나는 앞으로 설총을 본받아 어떤 일을 해서 나라의 힘을 기르는 데 도움이 되고 싶은지 말해 보세요.

머리에 쏘옥

국학

신라 때는 나라에서 유교를 가르치기 위해 학교(국학)를 세웠어요. 설총은 국학에서 많은 사람들이 유교를 쉽게 이해할 수 있도록 가르쳤어요.

유교의 가르침을 배운 백성들은 나라를 사랑하고, 신하들은 임금님께 충성하며, 자식들은 부모님께 효도했어요.

그 뒤 신라는 이웃 나라들이 넘볼 수 없을 만큼 강해졌답니다.

원효대사가 백성들에게 불교를 알린 방법

설총의 아버지 원효대사는 백성들에게 불교를 알리기 위해 여러 가지 방법을 썼습니다.

옷을 광대처럼 입고 다니며 불교의 가르침을 노래로 만들어 불렀지요. 배우지 못한 백성도 불교를 쉽게 알 수 있도록 하기 위함이었습니다.

그리고 악기를 들고 다니며 즐기고, 아무 데서나 잠을 자기도 했답니다. 겉으로 보기에는 아무렇게나 행동한 것 같지만, 모두 불교를 퍼뜨리기 위함이었대요.

원효는 또 240권이 넘는 책을 써서 불교를 알렸다고 합니다.

3. 미륵사를 세운 백제 무왕

무왕은 누구인가

백제의 30대 왕인 무왕(재위 600~41)은 왕의 권력을 강하게 하고, 나라의 힘도 기르고 싶었어요. 그러려면 백성의 마음을 하나로 모으는 일이 급했지요. 그래서 불교를 통해 백성을 하나로 모으려고 동양에서 최고 큰 절인 미륵사를 전북 익산에 세웠어요. 무왕은 42년 동안 나라를 다스리면서 국경 주변에 성을 쌓아 백성들이 안심하고 살 수 있도록 했어요. 백성의 힘이 하나로 모아지자 주변 국가들과 치른 전쟁마다 이겨 나라의 힘을 더욱 키울 수 있었어요.

▲ 백제 무왕

함께 읽으면 좋은 책

『서동과 선화공주』
이흔 지음, 비룡소 펴냄, 32쪽

신라의 선화공주와 백제에서 마를 캐어 팔다 왕이 된 서동의 이야기를 통해 백제 사람들의 생활과 유물을 살펴볼 수 있어요.

생각하며 읽기

어려서부터 지혜롭고 용감… 강한 백제 만들어

무왕은 어렸을 적에 이름이 서동이었어요. 그는 몸집이 큰데다 꾀가 많아 자신보다 강한 상대를 두려워하지 않았어요.

무왕의 할아버지와 아버지는 둘 다 왕이 된 지 1년 만에 세상을 떠났어요. 그래서 귀족들이 서로 왕이 되려고 다퉈 나라가 어지러웠어요. 또 이웃 나라인 신라가 쳐들어

▲ 전북 익산의 석왕동에 있는 무왕의 무덤.

오는 바람에 백성들은 늘 불안에 떨었어요. 무왕은 먼저 적이 쳐들어올 것에 대비해 백제와 신라의 국경 주변에 성을 쌓고 방어에 힘써 백성들을 안심시켰어요.

그 뒤 신라에게 빼앗긴 땅을 되찾기 위해 10번 넘게 전쟁을 일으켜 승리했지요. 또 힘이 센 중국이 이웃 나라인 고구려에 함께 쳐들어가자고 했을 때도 돕는 척만 하며 두 나라의 전쟁에 끼어들지 않았어요. 주변 나라들을 모두 적으로 두면 전쟁이 자주 일어나 나라의 힘을 낭비하기 때문이었죠.

무왕은 42년 동안 나라를 다스리면서 땅을 넓히고 주변 나라들의 다툼에 휩쓸리지 않아 백제를 강하게 만들 수 있었답니다.

미륵사 세워 백성들 마음 하나로 모아

무왕은 백제를 강하게 만들고 싶었어요.

그러려면 백성들을 하나로 뭉치게 하는 일이 중요했지요. 그래서 불교의 힘을 빌리기 위해 639년에 지금의 전북 익산에 미륵사를 세웠어요. 미륵사는 동양에서 가장 규모가 컸는데, 당시 백제의 모든 기술을 이용해 만들었다고 해요.

▲ 무왕이 세웠던 미륵사를 상상해 만든 모습. 익산 미륵사 터의 유물 전시관에 전시돼 있다.

미륵사를 크게 만든 이유는 백제의 뛰어난 문화와 기술을 널리 알려 주변 국가들이 백제를 얕잡아보지 못 하게 하려는 생각이 있었어요. 무왕은 익산에 큰 절을 세운 뒤 백제의 수도를 사비(오늘날의 부여)에서 그곳으로 옮기려고 했어요. 자신을 따르지 않는 귀족들의 힘을 누르고, 신라를 공격하는 데 유리한 지역이기 때문이었죠. 그러나 실제로 수도를 옮기지는 못했어요.

미륵사의 건물들은 오랜 시간이 흐르면서 대부분 불에 타 사라졌어요. 하지만 무왕은 공들여 세운 미륵사를 통해 백성들의 마음을 하나로 모으는 데 성공했어요. 그리고 백제의 수준 높은 건축 기술은 일본에서 배워 갈 정도로, 주변 국가들에게 모범이 되었답니다.

이것만은 꼭!

미륵사지 석탑

백제 시대 전북 익산시 금마면에 있는 미륵사 터에 돌로 만든 탑. 높이 14.24미터로, 우리나라에서 가장 크고 오래된 석탑이다. 지금은 6층까지 남아 있으나, 처음 지었을 때는 높이 20미터가 넘는 9층 이상의 거대한 석탑으로 보고 있다.

▲ 국가의 보물로 지정된 미륵사지 석탑.

궁남지

무왕이 만든 백제 시대 연못. 충남 부여군 부여읍 동남리에 있는데, 우리나라 최초의 인공 연못이다. 무왕은 연못 한가운데에 섬을 만든 뒤 귀한 꽃과 나무를 심어 호화롭게 꾸몄다고 한다. 그 뒤 궁남지를 만든 백제의 기술은 일본에까지 전해졌다.

▲궁남지

서동요

백제의 서동이 신라의 아름다운 선화공주를 아내로 맞기 위해 지어낸 노래. 노래의 내용은 선화공주가 밤마다 서동의 방으로 찾아간다는 것이다. 서동은 아이들에게 마를 나누어 주면서 소문을 퍼뜨려 선화공주의 마음을 얻는 데 성공했다.

▲ 서동요의 주인공인 서동(왼쪽)과 선화공주.

 생각이 쑤욱

1 무왕이 백제를 강하게 만들기 위해 한 일을 두 가지만 말해 보세요.

 머리에 쏘옥

하룻밤 만에 지은 미륵사

백제 무왕이 하루는 왕비와 함께 불공을 드리러 익산에 있는 용화산 아래의 큰 연못을 지나고 있었어요. 그런데 그때 부처님 셋이 연못 속에서 나타났어요. 왕비는 이 모습을 보고, 왕에게 연못에 절을 짓자고 말했어요. 무왕은 왕비의 소원을 들어주기 위해 도술을 부리는 스님을 찾아갔어요.

스님은 왕의 말을 듣고 귀신의 힘을 이용해 하룻밤 사이에 산을 무너뜨려 연못을 메웠다고 해요. 무왕은 그 땅에 부처님 셋을 모실 건물을 지은 뒤 미륵사라는 이름을 붙였다네요.

▲ 익산 미륵사 터. 지금은 탑의 일부와 절터만 남았다.

2 무왕이 성을 쌓고 많은 전쟁에서 승리해 땅을 넓히자 백성과 귀족의 반응은 각각 어땠을까요?

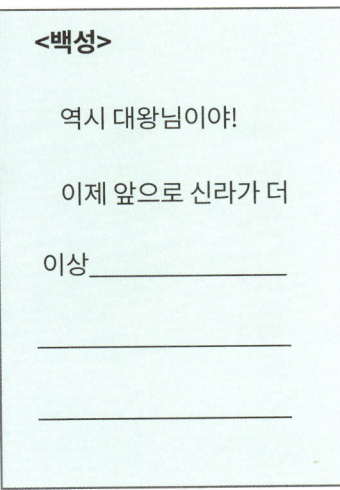

<백성>

역시 대왕님이야!

이제 앞으로 신라가 더 이상 _____

_____

<귀족>

이거 큰일났군!

무왕이 점점 강해지면 우리를 _____

_____

3 무왕은 미륵사를 지은 뒤 익산으로 수도를 옮기려고 했어요. 왜 그랬나요?

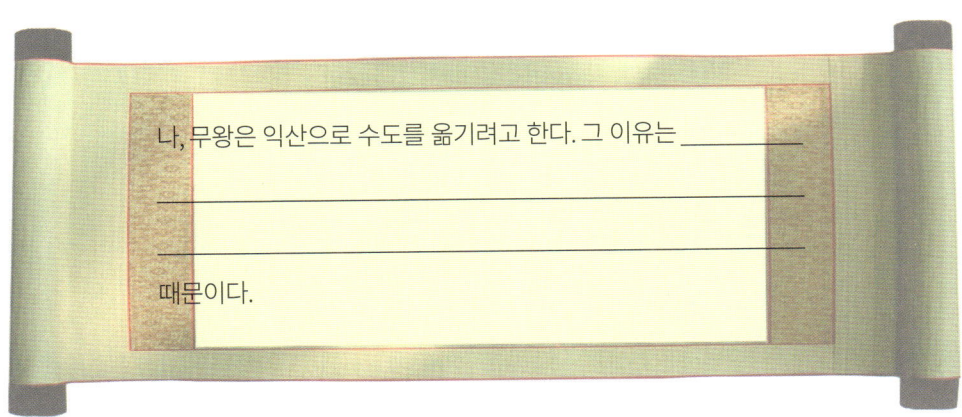

나, 무왕은 익산으로 수도를 옮기려고 한다. 그 이유는 _____

_____

_____

때문이다.

생각이 쑤욱

4 무왕이 미륵사를 세우자 동양 최대의 절이라는 소문이 퍼져 일본의 왕은 사신을 보내 확인하도록 했어요. 일본으로 돌아간 사신은 왕에게 뭐라고 보고했을까요?

정말 굉장했습니다!
미륵사는 우리 일본의 기술보다
_____
_____
_____

머리에 쏘옥

백제의 숨결을 느낄 수 있는 익산 무왕길

익산시는 지난 2010년 11월 13일 백제 무왕의 흔적을 체험할 수 있는 무왕길을 만들었어요.

왕궁 터와 서동이 태어난 생가 등 무왕과 관련된 모든 장소를 하나의 길로 연결해 역사 체험 코스로 꾸몄지요. 무왕의 무덤에서 시작해 유적 전시관으로 끝나는 무왕길은 가장 긴 길이 18.4킬로미터이며, 걸어서 6시간 20분이 걸린다고 해요.

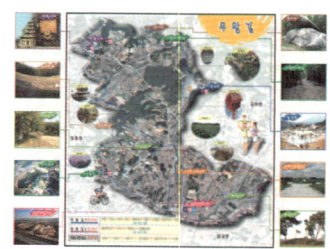

▲ 익산 무왕길 안내도.

5 봄 맞이 가족 여행을 익산의 무왕길로 가고 싶어요. 무왕길로 여행하면 좋은 점을 들어 가족들에게 허락을 받아 보세요(300자).

엄마 아빠!
익산 무왕길은 2010년 11월 13일 익산시에서 만든 길인데,
_____
_____
_____
_____
_____
_____

4 중국을 이긴 고구려의 연개소문

연개소문은 누구인가

연개소문(?~666)은 고구려의 장군이자 정치가입니다. 그가 젊었을 때 고구려는 큰 나라인 중국(당나라)이 자꾸 쳐들어와 고통을 당했어요. 그러자 임금과 신하들은 당나라와 친하게 지내려고 했지요. 하지만 연개소문은 강한 고구려를 만들기 위해 당나라의 눈치를 보는 임금과 신하들을 몰아냈습니다. 그리고 백성들을 하나로 뭉치게 한 뒤 당나라와 맞서 나라를 굳게 지켰습니다.

▲ 연개소문

함께 읽으면 좋은 책

『**당나라를 벌벌 떨게 한 고구려의 명장 연개소문**』
소중애 지음, 효리원 펴냄, 80쪽

중국 당나라와 맞서 고구려를 지킨 연개소문의 지혜와 용기를 배울 수 있습니다.

생각하며 읽기

중국에 아첨하는 세력 몰아내고 강한 나라 건설

▲ SBS에서 지난 2006년에 방송한 역사 드라마 '연개소문'의 한 장면.

연개소문은 어렸을 적부터 무술 실력이 뛰어나 칼을 잘 다뤘습니다. 그래서 친구 다섯 명이 한꺼번에 덤벼도 이길 수 없을 정도였지요.

연개소문의 아버지 연태조는 고구려에서 가장 높은 벼슬(대대로)에 있었습니다. 아버지는 연개소문에게 무술뿐만 아니라 학문도 열심히 배우게 했습니다. 특히 역사 공부를 많이 시켰지요. 역사 속에서 조상의 지혜를 배우면 자신의 뒤를 이어 정치를 잘할 수 있을 것으로 생각했기 때문이었죠.

아버지가 죽자 연개소문은 아버지의 벼슬을 그대로 물려받았습니다.

중국(당나라)은 그때 자기네 땅을 넓히며 고구려를 칠 기회를 노리고 있었죠. 연개소문은 당나라와 벌일 전쟁에 대비하기 위해 천리장성을 쌓는 책임을 맡았어요. <u>하지만 임금과 신하들은 당나라에 굽실거리며 친하게 지내려고만 했습니다.</u>

당나라에게 눌려 지내는 것이 못마땅했던 연개소문은 힘을 키워 642년에 반대 세력을 몰아냈어요. 그런 뒤 임금과 거의 비슷한 힘을 가진 대막리지라는 벼슬에 올라 나라의 중요한 일을 맡아했습니다.

> **이런 뜻이에요**
>
> **대막리지** 고구려에서 가장 높은 벼슬로, 중요한 나랏일을 결정하는 자리.

중국 당나라 대군과 싸워 무찔러

기회를 엿보던 당나라 임금 태종(재위 626~49)은 645년 마침내 10만 명의 군사를 이끌고 고구려로 쳐들어왔습니다.

연개소문은 당나라의 군대를 막을 작전을 세웠습니다. 들판을 비우고 백성과 식량을 모두 성 안으로 옮겼어요. 당나라 군대의 식량을 운반하는 부대도 공격했지요.

▲ 고구려 군사들이 당나라 군대와 싸우는 모습.

하지만 고구려의 성들은 당나라의 대군에 져서 하나씩 무너지고, 이제 안시성 차례가 되었습니다. 안시성 싸움마저 지면 고구려의 서울인 평양성도 위험했어요. 안시성의 군사와 백성들은 하나로 뭉쳐 당나라 군대에 맞섰고, 계속되는 공격을 물리쳤어요. 그런데 당나라 군대가 갑자기 후퇴했어요. 연개소문의 시간 끌기 작전에 말려들어 날씨가 추워지고 식량이 떨어지자 더 이상 버티기 어려웠던 것이죠.

전쟁에서 진 당나라 임금은 시름시름 앓다가 649년에 죽었는데, 자식들에게 고구려를 더 이상 공격하지 말라는 유언을 남겼답니다. 그 뒤 당나라 사람들은 연개소문의 이름만 들어도 벌벌 떨었답니다.

 이것만은 꼭!

천리장성

고구려가 당나라의 공격을 막기 위해 서쪽 국경 지역에 16년(631~647) 동안 쌓은 성입니다. 국경선을 따라 천 리(400킬로미터)에 이를 만큼 길게 쌓았기 때문에 천리장성으로 부릅니다. 연개소문은 이 공사를 감독하다 당나라와 친하게 지내려는 임금과 반대파를 몰아내고 권력을 잡았지요.

▲ 천리장성의 일부.

막리지비도대전

중국 명나라 때 만들어진 나무판화입니다. 칼을 다섯 자루나 찬 대막리지 연개소문이 당태종을 죽이려는 순간 당나라의 장수 설인귀가 활을 쏘아 막는 모습이 그려져 있습니다. 연개소문이 그때 중국 사람들에게 얼마나 무서운 사람이었는지 잘 알 수 있는 그림입니다.

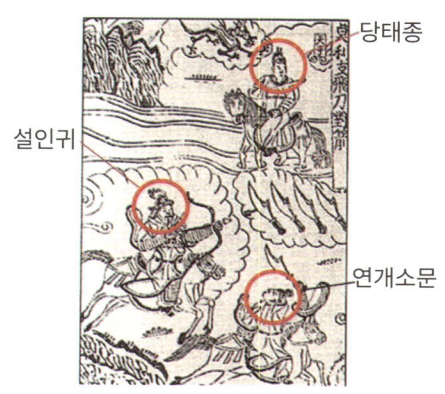

▲ 막리지비도대전

당태종

중국 당나라(618~907)의 두 번째 임금인데, 중국 역사에서 존경을 받는 임금 가운데 한 명입니다. 자신을 반대하는 사람에게도 능력이 있으면 높은 벼슬을 줄 만큼 인재를 아꼈답니다. 그만큼 나라를 잘 다스렸다는 말입니다. 큰 나라를 만들겠다는 욕심이 강해 고구려 등 주변의 여러 나라를 공격했습니다.

▲ 당태종

생각이 쑤욱

1 연개소문의 아버지는 왜 연개소문에게 역사를 배워야 한다고 했나요?

2 당나라의 대군이 여러 차례 고구려에 쳐들어왔는데도, 고구려가 이를 물리칠 수 있었던 까닭을 세 가지만 말해 봐요.

머리에 쏘옥

고구려는 당나라를 어떻게 물리쳤을까

고구려가 당나라와 맞서 싸워 거둔 승리는 자랑스러운 우리 역사입니다.

고구려가 당나라와 벌어진 여러 차례 싸움에서 이길 수 있었던 까닭은, 먼저 튼튼한 성을 잘 이용했기 때문입니다. 고구려는 당나라와 이웃한 국경 지대의 높은 곳에 성을 쌓고 이를 잘 지켰습니다.

고구려 군대도 훈련이 잘 되어 있었지요.

당나라에 용감하게 맞섰던 연개소문의 강한 정신력과 국민을 뭉치게 했던 훌륭한 지도력도 중요합니다.

▲ 연개소문의 모습을 상상해 그린 그림.

 생각이 쑤욱

3 본문의 밑줄 친 부분에서 연개소문은 당나라가 무서워 굽실거리며 친하게 지내자는 임금과 신하들에게 어떻게 말했을까요?

 머리에 쏘옥

연개소문은 영웅인가 독재자인가

중국 당나라의 뒤를 이어 세워진 송나라의 한 임금이 역사를 잘 아는 신하에게 당나라가 고구려에게 진 까닭을 물었답니다.

이에 그 신하는 "연개소문이 엄청나게 뛰어난 영웅이었기 때문입니다."라고 대답했답니다.

이처럼 오늘날에는 연개소문을 나라를 구한 영웅으로 보는 사람들이 많지요.

하지만 우리나라의 옛날 역사책(삼국사기)에는 연개소문을 독재자라고 적었습니다.

"수염이 길고 몸집이 크며 칼을 다섯 자루나 차고 다녀서, 사람들이 감히 똑바로 볼 생각을 하지 못했다. 밖에 나갈 때는 호위병이 늘 어서서 그를 지켰는데, 사람들은 무서워서 피하다 시궁창에 빠지기도 했다."

연개소문은 이처럼 사람들에 따라 독재자로 보기도 하고, 영웅으로 보기도 한답니다.

4 연개소문에 대해 고구려를 구한 영웅으로 보는 사람들과 자기의 힘을 마음대로 휘두른 독재자로 보는 사람들이 있어요. 여러분은 연개소문을 어떻게 생각하나요?

연개소문은 천리장성을 쌓으며 키운 힘으로 반란을 일으켰습니다. 자신을 반대하는 사람들과 당나라와 친하게 지내자는 임금을 쫓아냈지요. 그런  뒤 최고 벼슬에 올라 임금도 꼼짝 못할 정도의 힘을 휘둘렀답니다.

5 『왕오천축국전』 지은 혜초

혜초는 누구인가

혜초(704~87)는 통일신라 때 살던 스님입니다. 스님은 불교의 가르침을 배우고 다른 사람들에게 그 가르침을 전하는 사람이에요. 혜초는 인도를 여행하며 겪은 일을 『왕오천축국전』이라는 책으로 만들었어요. 옛날 사람들은 인도를 '천축국'이라고 불렀지요. 혜초가 쓴 『왕오천축국전』은 지금 우리나라가 아닌 프랑스에 있어요. 이 책은 세계적으로 유명한 기행문으로 평가를 받고 있습니다.

▲ 혜초를 상상해 그린 그림.

함께 읽으면 좋은 책

『왕오천축국전을 쓰다 **혜초**』

우리역사연구회 지음, 엠엘에스(MLS) 펴냄, 40쪽

신라의 스님 혜초가 올바른 지식을 얻기 위해 천축국에 다녀온 모험 이야기가 담겨 있습니다.

생각하며 읽기

스님 되어 중국으로 유학 가

혜초는 어느 날 경주의 한 산에서 산돼지 한 마리를 죽였어요. 그런데 다음날 산에서 똑같은 산돼지가 새끼 돼지를 데리고 다니는 모습을 보았어요. 그래서 산 동물을 죽인 것을 후회했지요. 그는 모든 동물이 함께 행복하게 살 수 있는 방법이 없을지 고민했어요. 그러다가 불교에서는 산 동물을 죽이지 말라고 가르친다는 걸 알았죠. 혜초는 바로 스님이 되어야겠다고 결심했어요. 여덟 살 때의 일이었지요.

스님이 된 혜초는 공부 욕심이 많았어요. 신라의 스님들은 그때 당나라(지금의 중국)로 유학을 가 불교를 공부하는 것이 꿈이었어요. 중국에는 불교 관련 책도 많고, 훌륭한 스님들도 많았기 때문이었죠.

혜초도 열다섯 살이 되면서 불교를 공부하기 위해 중국으로 유학을 가게 되었어요. 그곳에서 금강지라는 스님을 만나 제자가 되었죠. 스승은 어린 혜초가 공부하기 위해 중국까지 온 걸 기특하게 생각해 열심히 가르쳤어요.

그런데 혜초는 불교를 책으로만 배우고 싶지 않아 인도에 가고 싶었어요. 불교는 인도 사람인 석가모니가 만들었기 때문이었습니다.

▲ 혜초가 머물렀던 중국의 대흥선사.

인도와 아랍을 여행하다

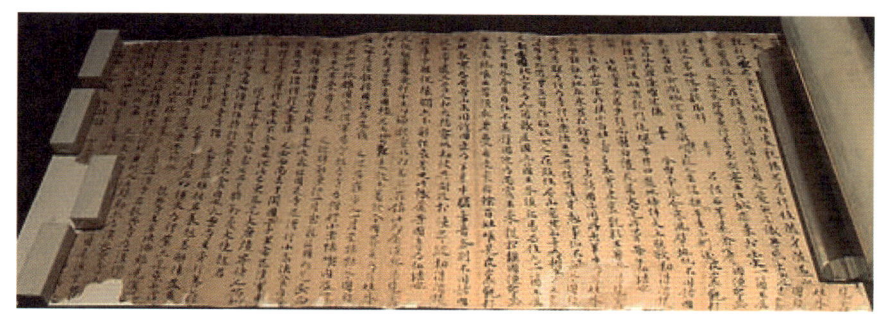

▲ 프랑스 파리국립도서관에 보관되어 있는 『왕오천축국전』의 일부.

혜초는 열아홉 살이 되어 바다를 건너 인도로 갔어요. 인도에서 석가모니가 남긴 많은 불교 유적지를 볼 수 있었어요. 그는 유적지를 찾아다니며 열심히 공부했어요. 인도 사람들의 생활 모습도 관찰했어요.

혜초는 인도를 여행하며 어떤 곳에 가든 코끼리가 농사를 돕고, 짐을 나르는 모습을 볼 수 있었어요. 인도인들은 전쟁할 때도 코끼리를 타고 싸웠어요.

혜초는 아랍(대식)도 여행했는데, 아랍인들이 손으로 밥을 먹는 모습을 보고 깜짝 놀랐어요. 그들은 손으로 밥을 먹어야 복을 받는다고 믿었습니다.

혜초는 이렇게 5년 동안 여러 나라를 돌아다니며 나라마다 생활 모습을 기록했어요. 그는 마침내 중국에 돌아온 뒤 여행하며 겪었던 일을 『왕오천축국전』이라는 책으로 펴냈어요. 중국 사람들은 혜초가 쓴 책을 무척 좋아했어요. 그 책은 중국 사람들이 사는 세상 밖의 다른 세상을 보여 주었기 때문이었죠.

 이것만은 꼭!

기행문

여행을 하며 보고 느낀 점을 적은 글이에요. 기행문을 쓰면 여행하며 겪었던 소중한 추억을 남길 수 있어 좋아요. 다른 사람이 쓴 기행문을 보고 여행 계획을 세울 수도 있답니다.

▲ 여행을 하며 기행문을 쓰는 모습.

불교

불교는 인도에서 석가모니가 만든 종교에요. 그는 자비와 평등을 중요하게 생각했어요. 그래서 욕심을 버리고 자비를 베풀면 누구나 구원을 받을 수 있다고 말했답니다. 옛날부터 동양인들은 대개 불교를 믿었어요.

▲ 경주 석굴암의 부처님상.

혜초 기념비

우리나라와 중국은 혜초를 기념하기 위해 지난 2001년 중국의 선유사에 혜초 기념비를 세웠어요. 선유사는 혜초가 황제의 명령을 받고 하늘에 비를 내려 달라고 제사를 지낸 곳이랍니다. 혜초가 제사를 지낸 뒤 진짜 비가 내렸다네요.

▲ 중국에 있는 혜초 기념비.

생각이 쑤욱

1 어린 혜초가 중국에 간 이유는 무엇인가요?

머리에 쏘옥

동서양을 이어준 비단길

▲ 비단길을 오가는 사람들.

비단길(실크로드)은 과거 2000년 동안 동서양을 이어 줬어요.
이 길을 통해 비단이 오갔기 때문에 비단길이라는 이름이 붙었죠. 옛날에는 중국의 비단이 서양에서 아주 인기가 많았어요. 그래서 상인들은 중국에서 비단을 산 뒤 서양으로 가지고 가 팔았답니다. 비단길에는 상인들의 물건을 빼앗는 도둑도 많았다고 해요.
혜초도 인도에서 중국으로 올 때 비단길을 이용했어요.

2 혜초가 인도에 가겠다고 했을 때, 여러분이 금강지라면 혜초에게 무슨 이야기를 해 주겠어요?

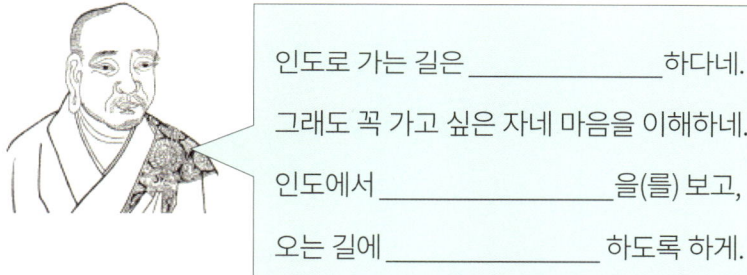

인도로 가는 길은 _____ 하다네.
그래도 꼭 가고 싶은 자네 마음을 이해하네.
인도에서 _____ 을(를) 보고,
오는 길에 _____ 하도록 하게.

3 혜초는 인도에서 중국으로 올 때 당시 동서양을 이어주던 비단길(실크로드)로 걸어왔어요. 비단길에는 도둑도 많았어요. 혜초는 비단길을 걸으면서 힘든 마음을 아래 시로 표현했어요. 혜초의 입장에서 시를 완성하세요.

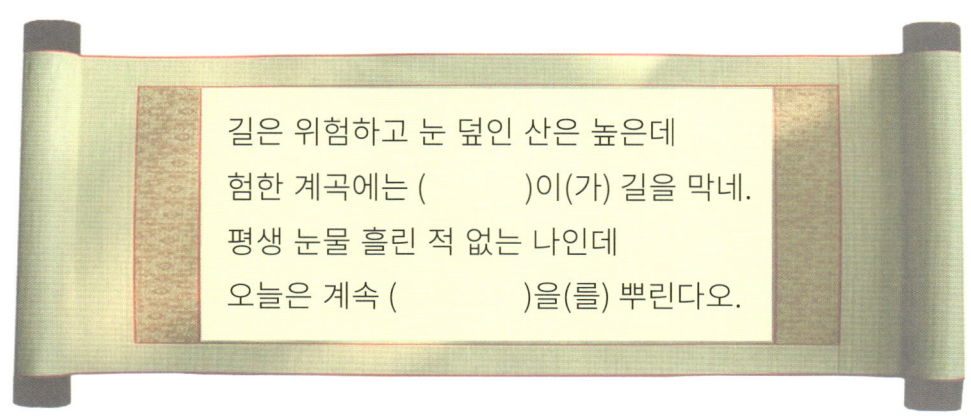

길은 위험하고 눈 덮인 산은 높은데
험한 계곡에는 (   )이(가) 길을 막네.
평생 눈물 흘린 적 없는 나인데
오늘은 계속 (   )을(를) 뿌린다오.

 생각이 쑤욱

4 중국 선유사에 있는 혜초 기념비의 낙서를 지우는 등 2013년에 보수 공사를 마쳤어요. 혜초 기념비에 어떤 내용이 들어가면 좋을지 여러분이 완성하세요.

> 혜초는 _____ 태어난 스님입니다.
> 혜초는 _____을(를) 여행했습니다.
> 혜초는 여행에서 돌아온 뒤 _____ 라는 책을 썼습니다.
> 그 책에는 _____ 적혀 있습니다.
> 혜초는 여행을 통해 _____ 느꼈습니다.
> 혜초는 _____ 때문에 위대합니다.

 머리에 쏘옥

『왕오천축국전』은 왜 프랑스에 있을까

▲『왕오천축국전』을 발견한 프랑스의 펠리오.

혜초가 세상을 떠난 뒤 1200년이 흘렀어요. 사람들은 혜초가 쓴 『왕오천축국전』을 잊어버렸어요. 그러던 어느 날 동양을 연구하던 학자인 프랑스의 펠리오(1878~1945)가 1906년부터 3년 동안 여러 곳을 찾아다니다 중국의 둔황에서 이 책의 일부를 발견했어요.

그는 이 책을 프랑스로 가져가 연구한 끝에 혜초가 지었다고 밝혀냈어요. 원래 이 책은 3권이었는데, 발견된 것은 전체 내용을 요약한 것이고 그 가운데서도 일부랍니다. 『왕오천축국전』은 지금 프랑스 국립도서관에서 보관하고 있어요.

5 프랑스에 있는『왕오천축국전』을 우리나라에 돌려달라고 조리 있게 말해 보세요.

6 조선을 세운 태조 이성계

태조 이성계는 누구인가

▲ 이성계

 이성계(재위 1392~98)는 조선을 세운 왕입니다. 고려 때 외적을 물리치는 데 큰 공을 세운 장군이기도 하지요. 왕의 명령을 받아 중국을 공격하러 갔다가 명령을 어기고 돌아와서 고려를 잇는 조선을 세웠지요. 그가 세운 조선은 500년 넘게 이어졌답니다.

함께 읽으면 좋은 책

『역사가 술술 : 이성계의 위화도 회군』
에픽캔 편집부 지음, 에픽캔 펴냄, 32쪽

고려를 무너뜨리고 조선을 세운 이성계의 삶을 알 수 있다.

생각하며 읽기

외적 침략 여러 번 물리치고 장군으로 이름 떨쳐

이성계는 고려(918~1392) 때 지금의 북한 지역에 있는 함경도에서 태어났어요. 아버지는 부자인데다 따르는 사람들이 많아 이곳에서는 힘이 무척 센 관리였지요.

이성계는 아버지의 영향을 받아 어릴 적부터 말타기와 활쏘기를 잘했어요. 그리고 스무 살 때 장군이 되었어요. 과거 중국에게 빼앗긴 우리 땅을 고려의 공민왕(재위 1351~74)이 되찾는 데 아버지가 큰 도움을 주었기 때문이었죠.

이때 북쪽에서 홍건적이 두 차례나 고려에 쳐들어왔어요. 홍건적은 수도(개경)까지 공격해 왕이 다른 곳으로 피해야 했지요. 그러자 이성계가 앞장서서 홍건적을 물리쳤답니다.

남쪽에서도 일본의 해적들이 바닷가 마을을 공격해 백성들을 죽이고 재물을 마구 빼앗아 갔어요. 이때도 이성계가 전라도로 내려가서 10배나 많은 적과 싸워 이겼지요.

이성계는 이처럼 20년 넘게 북쪽과 남쪽을 오가며 우리나라를 공격하는 적들과 싸워 크게 승리하며 이름을 떨쳤답니다.

▲이성계가 심었다는 소나무. 이성계의 고향인 함경도 함흥에 있다.

▲전라도(황산)에서 일본 해적들과 싸워 크게 이긴 장면을 그린 그림.

이런 뜻이에요
관리 오늘날의 공무원.
홍건적 중국 원나라 때 활동한 농민 반란군. 머리에 붉은 수건을 둘렀다고 해서 붙여진 이름이다.

고려를 무너뜨리고 새로운 나라 조선 세워

중국에서는 이때 새로운 나라(명나라)가 세워졌어요. 중국은 앞서 공민왕 때 되찾아 간 땅을 돌려 달라고 고려의 우왕(재위 1374~88)을 협박했어요.

이때 계급이 높은 고려의 신하들은 땅을 돌려주지 말고 중국을 공격하자고 주장했어요. 하지만 이성계는 힘이 센 중국과 전쟁을 하면 이기기 어렵다며 반대했어요.

▲이성계는 중국을 공격하러 가다가 왕의 명령을 어기고, 군사를 되돌려 권력을 잡았다.

우왕은 결국 이성계에게 중국을 공격하라고 명령을 내렸어요. 이성계는 어쩔 수 없이 군대를 이끌고 중국을 치러 가다가 압록강 근처의 조그만 섬(위화도)에 이르렀어요. 그런데 여름이라서 비가 많이 내리는 바람에 강물이 불어나 건너지 못했지요. 이성계는 그만 돌아가겠다고 왕에게 말했으나 허락하지 않았어요. 화가 난 이성계는 명령을 어기고 군대를 돌려 돌아왔습니다.

▲조선의 왕이 살던 한양의 경복궁.

이성계는 나라를 새로 세우기로 마음먹고 왕과 반대파들을 몰아냈어요. 그리고 1392년 마침내 고려 대신 조선이라는 새로운 나라를 세웠지요. 수도도 개경에서 지금의 서울인 한양으로 옮겼답니다.

이런 뜻이에요

압록강 지금 북한에 있는 강. 중국의 동북 지방과 국경을 이루면서 서해로 흘러든다.
개경 지금 북한 개성의 옛 이름. 고려의 수도였다.

 이것만은 꼭!

공민왕

중국(원나라)의 간섭에서 벗어나 우리나라를 강하게 만들려고 노력했어요. 그때 우리 백성은 옷이나 머리 모양도 중국을 따랐지요. 공민왕은 이를 금지하고, 우리 전통을 따르게 했어요. 또 중국이 빼앗았던 북쪽의 우리 땅을 되찾았어요. 백성들이 귀족들에게 빼앗겼던 땅을 되찾아 주기도 했답니다.

▲ 공민왕(오른쪽)과 그의 왕비인 노국대장공주.

황산대첩

이성계가 전라도 황산에 쳐들어온 일본 해적을 크게 이긴 싸움(대첩)을 말합니다. 이 전투에서 이성계는 활을 쏘아 적장을 죽였어요. 적들은 우두머리가 죽자 싸울 힘을 잃고 도망쳤답니다. 이 전투를 이긴 덕분에 고려를 괴롭히던 일본 해적들이 함부로 쳐들어오지 못했어요.

▲ 황산대첩을 기념하기 위해 세운 비석이 있는 곳.

혼란에 빠진 고려 말

고려 말에 귀족들은 넓은 땅을 가지고, 백성들을 시켜 농사를 짓게 했습니다. 백성들은 추수한 곡식의 절반을 귀족들에게 바쳐야 했기 때문에 늘 굶주렸지요. 그리고 북쪽에서는 홍건적, 남쪽에서는 일본 해적이 쳐들어와 백성을 괴롭혔습니다. 이 때문에 백성들은 도둑이 되거나 세금을 내지 못해 노비가 되기도 했습니다.

▲ 귀족들은 백성들에게 대신 농사를 짓게 하고, 자신들은 놀기에 바빴다.

 생각이 쑤욱

1 이성계는 고려의 장군이 되어 어떤 적들을 물리쳤는지 말해 보세요.

 머리에 쏘옥

이성계가 중국 공격을 반대한 까닭

이성계는 중국(명나라)을 공격하라는 왕의 명령에 여러 가지 이유를 대며 반대했습니다.

고려는 중국에 비해 작은 나라여서 큰 나라를 공격하는 것은 위험하다고 했어요.

그리고 여름이라서 농민을 이끌고 전쟁에 나가면 그동안 농사를 지을 수 없기 때문에 안 된다고 했지요.

중국과 싸우는 동안 일본 해적(왜구)이 쳐들어오면 막을 수 없다고도 말했습니다.

장마철이라 활이 약해져서 싸우기 어렵고, 군사들이 전염병에 걸릴 수 있다는 말도 했어요.

2 이성계는 '작은 나라가 큰 나라인 중국을 공격하면 이기기 어렵다'며, 왕과 신하들의 중국 공격 주장에 반대했습니다. 내가 이성계라면 또 어떤 이유를 대서 왕과 신하들의 의견을 꺾을 수 있을까요?

▲이성계(오른쪽)가 중국 공격을 놓고 신하들과 이야기를 나누고 있다.

생각이 쑥쑥

3 이성계가 고려를 무너뜨리고 새로운 나라를 세우기로 마음먹은 까닭을 세 가지만 이야기해 보세요.

4 이성계처럼 내가 새로운 나라를 세운다면, 어떤 나라를 세우고 싶은지 말해 보세요.

 머리에 쏘옥

조선은 어떤 나라인가

이성계는 개경으로 돌아온 뒤 귀족들이 백성들의 땅을 함부로 빼앗지 못하게 했어요. 그리고 세금을 전보다 적게 내도록 해서 백성들의 마음을 얻었지요.

이성계는 왕이란 항상 백성을 위하는 마음으로 나라를 다스려야 한다고 생각했습니다. 신하들도 그런 왕과 힘을 합쳐 나라를 이끌어가야 한다고 생각했지요.

이성계가 왕위에 오를 때 반대가 많았어요. 그래서 나라 이름을 그대로 두었다가 나중에 조선으로 바꿨죠.

1392년 세워진 조선은 1910년 일본에게 나라를 빼앗기기 전까지 500년 넘게 이어졌습니다.

▲조선의 수도 한양(지금의 서울)의 모습.

7 백성의 영웅 홍길동

홍길동은 누구인가

홍길동(?~?)은 조선 시대 백성의 영웅입니다. 그때는 자식이 부모님의 신분을 이어 받았어요. 그래서 부모님이 양반이면 양반으로 태어나고, 노비면 노비의 신분으로 태어났어요. 신분이 노력으로 얻을 수 있는 게 아니라 태어날 때부터 정해져 있어 벗어나기 어려웠어요. 신분이 높으면 낮은 사람을 차별 대우 했지요. 하지만 홍길동은 사람이 모두 평등하다고 봤어요. 그는 자기와 생각이 같은 사람들을 모아 단체(활빈당)를 만들었어요. 그런 뒤 나쁜 짓을 많이 하는 양반들을 혼내 주고, 옳지 않은 방법으로 벌어들인 재산을 빼앗아 가난한 백성들에게 나눠 줬어요. 백성들은 홍길동을 영웅으로 생각하고 따랐어요.

▲ 홍길동 동상. 홍길동이 태어난 전남 장성군 집터에 있다.

함께 읽으면 좋은 책

『홍길동』
황영우 지음, 보리 펴냄, 40쪽

홍길동이 활약한 내용을 이야기로 지었습니다. 잘못된 세상을 바로잡기 위해 홍길동이 어떤 노력을 했는지 알 수 있습니다.

백성을 위하는 장군을 꿈꾸다

홍길동은 지금의 전남 장성에 있는 한 부잣집에서 태어났어요. 아버지는 신분이 아주 높은 양반이었어요.

길동은 어려서부터 아버지처럼 나라를 위해 일하는 관리가 되는 게 꿈이었어요. 그래서 형과 함께 공부를 시작했어요. 틈만 나면 활쏘기와 칼 쓰기 등 무술도 익혔지요. 길동은 열심히 노력한 덕에 공부뿐만 아니라 무술 실력도 뛰어난 청년으로 자랐어요.

▲ 전남 장성군에는 홍길동이 태어나 자란 집이 있다.

하루는 아버지가 길동을 불렀어요.

"네가 관리가 되려고 열심히 노력한다는 말을 들었다. 그런데 너의 신분으로는 관리가 되는 시험을 볼 수 없단다."

길동은 형과 아버지는 같지만 어머니가 다른 서자였어요. 형의 어머니는 양반이고, 길동의 어머니는 노비 출신이었지요. 길동이 살았던 시대에는 어머니의 신분에 따라 자식의 신분도 결정됐어요. 그리고 양반만 관리가 될 수 있었지요.

하지만 길동은 사람이면 모두 평등하다고 생각했어요. 태어날 때부터 신분이 정해지고, 신분에 따라 차별 대우를 하는 것은 잘못이라 여겼어요. 길동은 잘못된 사회를 바로잡아야겠다고 결심했어요.

활빈당 만들어 나쁜 관리 혼내고 백성 보살펴

길동은 자신의 결심을 실천하기 위해 집을 떠났어요. 그런 뒤 여러 지역을 돌며 자신과 뜻이 같은 사람들을 모아 가난한 백성을 돕는 활빈당을 만들었어요.

그때는 양반이 백성의 재산을 함부로 빼앗고, 가난한 백성을 자신의 노비로 만들기도 했어요. 그런데 관리들은 백성의 억울한 사정은 들어주지 않고, 양반 편만 들었죠.

▲홍길동 이야기를 다룬 TV 드라마의 한 장면. 백성들은 홍길동을 믿고 따랐다.

길동은 활빈당을 이끌고 가서 백성을 괴롭히는 양반과 관리들을 혼내 줬어요. 또 이들의 재산을 빼앗아 백성들에게 나눠 줬지요. 백성들은 길동을 영웅으로 생각했어요.

▲충남 공주시 무성산에는 홍길동이 활빈당과 함께 만든 성이 남아 있다.

길동은 지금의 충청도와 전라도, 경상도로 다니며 활약했어요. 나라에서는 길동을 잡기 위해 군대를 보냈지만 백성들이 숨겨 줘 잡을 수가 없었어요. 그러다 1500년 10월 충남 공주에서 붙잡히고 말았어요.

나라에서는 길동이 질서를 어지럽히고, 강도짓을 했다며 귀양을 보냈어요. 그 뒤 길동은 바다 남쪽으로 도망쳤다고 해요. 백성들은 길동이 그곳에서 모두가 평등한 나라를 세웠다고 믿었어요.

이것만은 꼭!

신분 제도

태어날 때부터 출신에 따라 계급을 나누는 제도. 조선 시대에는 양반과 백성, 천민으로 신분을 나눴다. 신분에 따라 하는 일과 사는 집, 입는 옷 등을 구분했다. 신분 제도를 없애려는 사람은 사회 질서를 혼란하게 했다고 엄하게 벌을 줬다.

▲ 조선 시대 화가 김득신이 그린 '반상도'. 말을 탄 사람은 양반이고, 길가에서 절을 하는 사람은 백성이다.

활빈당

홍길동이 가난한 백성을 돕기 위해 만든 단체. 활빈당은 나쁜 짓을 일삼는 양반과 관리의 재산을 빼앗아 가난한 백성들에게 나눠 주는 일을 주로 했다. 백성들은 이런 활빈당을 의로운 일을 하는 도둑이라는 뜻에서 '의적'으로 불렀다.

▲ 홍길동은 활빈당을 이끌고 나쁜 짓을 하는 관리들을 혼냈다.

『홍길동전』

조선 시대 허균(1569~1618)이 지은 소설. 허균은 실제로 있었던 인물인 홍길동의 활약을 이야기로 지은 소설을 썼다. 소설에 나오는 길동은 실제 길동과 달리 도술을 부리며, 구름을 타고 이동한다. 백성들이 읽을 수 있도록 한자 대신 한글로 썼다.

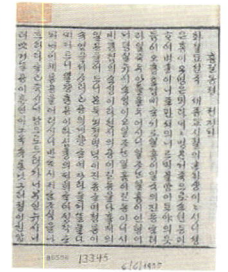
▲『홍길동전』은 우리나라에서 한글로는 처음 나온 소설이다.

생각이 쑤욱

1 조선 시대에는 신분 제도가 있었어요. 보기의 신분에 해당하는 사람을 잘 설명한 글을 찾아 연결해요.

2 홍길동이 집을 떠나면서 부모님께 남긴 편지입니다. 어떤 말을 썼을지 빈칸을 채워요.

```
아버지, 어머니!
    사람은 모두 _____하다고 생각합니다. _____에 따라
차별하는 것은 잘못이라고 생각해요.
    저는 잘못된 사회를 바로잡기 위해 집을 떠납니다.
_____ 세상을 만들기 위해 노력하겠습니다.
    안녕히 계세요.
                                            O월 O일 아들 길동이 올림.
```

3 홍길동과 활빈당의 업적을 세 가지만 말해 보세요.

 생각이 쑤욱

4 나라에서는 홍길동을 강도라 하고, 백성들은 영웅이라고 했어요. 홍길동을 강도로 봐야 할까요, 영웅으로 봐야 할까요?

나는 홍길동을 _____(이)라고 생각해.

왜냐하면 _____

_____

_____

5 홍길동은 바다 남쪽으로 도망가 '율도국'이라는 나라를 세웠다고 해요. 율도국은 어떤 나라일까요? 그리고 내가 만들고 싶은 나라는 어떤 모습인지도 소개해요.

홍길동이 세운 율도국은 _____

_____

_____

나라일 것 같아요.

내가 만들고 싶은 나라는 _____

_____

_____

_____

 머리에 쏘옥

율도국

소설 『홍길동전』에는 홍길동이 남해안의 섬에 율도국이라는 나라를 세웠다고 해요.

율도국은 신분 제도가 없어 모든 사람이 평등했어요. 이 나라 사람들은 농사를 짓고, 물고기도 잡으며 살았어요. 수확한 곡식과 잡은 물고기는 모두 공평하게 나눠 가졌다고 해요. 그래서 가난한 사람도 부자도 없이 모두가 잘살았대요.

학자들은 홍길동이 세운 율도국이 실제로 있었다고 말해요. 율도국은 일본 남쪽 끝에 있는 오키나와라네요. 오키나와 역사책에 따르면 1500년에 홍가와라라는 사람이 배를 타고 왔어요. 그는 백성을 괴롭히는 관리들을 혼내 줬어요. 백성들에게 농사짓는 방법도 가르쳤고요. 오키나와 사람들은 지금도 홍가와라를 영웅으로 부른다네요.

학자들은 홍가와라가 바로 홍길동이고, 율도국이 오키나와라고 주장해요.

▲일본 오키나와에 있는 홍가와라를 기리는 비석.

8 왜군을 물리친 '발명왕' 정평구

정평구는 누구인가

▲ 공군박물관에 있는 비거 모형

정평구(?~?)는 일본이 우리나라(조선)에 쳐들어왔을 때 일본군(왜군)을 혼내 준 군인(장교)입니다. 일본군은 새로운 무기였던 조총으로 우리나라를 공격했지요. 그때 우리 무기였던 칼이나 화살로는 조총을 막아 낼 수 없었습니다. 정평구는 일본군에 맞서기 위해 공중을 나는 수레인 비거를 발명했습니다. 비거로 백성들과 식량을 실어 나르며 일본군에 맞서 싸웠습니다.

함께 읽으면 좋은 책

『떴다 떴다 비거, 날아라 정평구』
안영은 지음, 머스트비 펴냄, 42쪽

정평구가 임진왜란 때 비거를 발명해 위기에 빠진 백성을 구하는 이야기가 담겨 있어요.

생각하며 읽기

온갖 지혜를 짜내어 일본군 골탕 먹여

정평구는 오늘날의 전라북도 김제에서 가난한 평민의 아들로 태어났습니다. 일곱 살쯤부터 어려운 책을 줄줄 읽을 정도로 총명했답니다. 또 손재주가 뛰어나 여러 가지 신기한 물건들을 만들기를 좋아했지요.

청년이 되어서는 무술을 익히고 군사를 지휘하는 방법을 공부했습니다. 무관 시험에 합격한 정평구는 경상도 진주의 군사 기지에서 장교로 일하게 되었습니다.

1592년 4월 일본이 조선을 침략했습니다. 7년 동안 이어졌던 이 전쟁을 임진왜란이라고 해요. 정평구는 일본군을 물리치기 위해 온갖 지혜를 짜냈습니다. 그는 좋은 화약을 만들어 일본군을 물리치는 데 큰 공을 세웠어요.

▲ 임진왜란 때 부산을 차지한 일본군.

정평구는 이상하게 생긴 상자들을 길에 놓아두었습니다. 일본군은 보물 상자인 줄 알고 열어 보았지요. 벌들이 쏟아져 나와 벌침을 쏘아댔습니다. 얼마 뒤 일본군은 벌이 들어있음 직한 상자들을 보았지요. 일본군은 앞서 당한 속임수를 떠올리고 상자들에 불을 질렀어요. 그러자 화약이 터져 많은 일본군들이 죽거나 다쳤지요.

이런 뜻이에요

무관 군대에 관한 일을 맡아보는 관리(공무원).

비거 발명해 일본군 무찌르고 백성들 구해

1592년 10월 일본군은 진주성을 공격했습니다. 일본군은 조총을 가지고 있었지요. 조총은 서양의 상인들에 의해 일본에 전해졌습니다. 하늘을 나는 새를 맞혀서 떨어뜨릴 수 있다는 뜻에서 조총으로 이름을 지었답니다.

조선군은 조총을 막아 내기 어려웠어요. 정평구는 일본군에 맞설 수 있는 방법을 연구했지요. 여러 날 골똘히 궁리한 끝에 대나무와 무명을 이용해 비거를 만들었습니다. 비거는 공중을 날아다니는 수레라는 뜻입니다. 모양은 고니처럼 생겼는데, 바람을 이용해 날았지요. 바람을 잘 타면 한번에 12킬로미터까지 날 수 있었다고 해요.

▲촉석루. 진주성을 지키던 조선군의 지휘소가 있었던 곳이다.

정평구는 비거를 타고 일본군에게 포위된 진주성 바깥으로 나가 구해 달라는 연락을 했어요. 식량을 실어 나르기도 하고, 위기에 빠진 백성들을 구하기도 했어요. 폭탄을 실어다가 일본군 머리 위에 떨어뜨리기도 했답니다.

▲정평구가 비거를 타고 공중을 나는 모습을 상상해 그린 그림.

하지만 하늘을 나르던 정평구는 일본군이 쏜 총탄에 맞았어요. 비거가 몇 번 빙글빙글 돌더니 거꾸로 떨어졌답니다. 비거는 산산조각이 나고 정평구는 죽음을 맞았습니다.

이런 뜻이에요
무명 목화에서 뽑아낸 실로 짠 옷감.
고니 오리과의 새로, 흔히 백조라고 불리는데 겨울 철새다.

 이것만은 꼭!

임진왜란

　일본이 중국을 공격하기 위해 조선에게 중국으로 가는 길을 내어 달라고 요구합니다. 조선이 이 요구를 거절하자, 일본은 1592년에 20만 명의 군대를 이끌고 바다를 건너와 조선을 공격합니다. 전쟁은 1598년까지 이어지는데, 조선은 수군(오늘날의 해군)과 의병의 활약, 중국의 도움으로 일본군을 물리칩니다.

▲ 임진왜란 때 이순신 장군이 이끄는 조선 수군이 남해 한산도에서 일본군을 무찌르고 있다.

진주성 싸움

　진주성은 경상도와 전라도를 연결하는 중요한 곳에 자리 잡고 있었어요. 1592년 10월 일본군이 쳐들어왔을 때, 조선군과 백성들은 힘을 합쳐 일본군을 막아 냈지요. 정평구도 진주성 싸움에서 큰 활약을 했습니다. 진주성 싸움은 임진왜란의 큰 전투 가운데 하나로 꼽힌답니다.

▲ 진주성을 빼앗기 위해 공격하는 일본군과 맞서 싸우는 조선군.

조총

　새를 쏘아 맞힐 수 있을 만큼 성능이 좋은 무기라는 뜻입니다. 유럽에서 처음 개발되었는데, 1543년 서양의 상인들에 의해 일본에 전해졌어요. 조선에는 1589년에 몇 자루가 들어왔지요. 하지만 그 성능에 주의를 기울이지 않다가 임진왜란 때 그 위력을 알게 되었습니다.

▲ 조총

 생각이 쑤욱

1 정평구가 일본군에 맞서 싸우기 위해 한 일을 세 가지만 말해 봐요.

2 정평구가 발명한 비거란 무엇인가요?

생긴 모습 :

만든 재료 :

날 수 있는 최대 거리 :

어떻게 이용했나 :

 머리에 쏘옥

비거는 어떻게 날았나

비거가 어떻게 날았는지는 정확하게 알려져 있지 않습니다. 나중의 기록에 따르면, 비거의 몸체에는 가죽주머니가 달려 있었다고 합니다. 이 주머니에 바람을 넣었다가 주머니 아래쪽에 뚫린 구멍으로 공기를 빠져 나가게 했답니다. 이때 빠져나가는 공기의 힘으로 날 수 있었습니다. 그리고 비거에 탄 사람이 날개를 위아래로 움직이면, 비거가 땅에서 떠올라 앞으로 나아갔답니다.

비거는 약 200미터까지 올라가, 위로 바람이 불면 최대 12킬로미터까지 날아갈 수 있었다고 합니다.

▲지난 2000년에 한 방송사에서 비거를 복원해 비행하는 실험을 하는 모습.

 생각이 쑤욱

3 여러분이 정평구라면 어떻게 해서 일본군을 혼내 줄 수 있을지 꾀를 한 가지만 내 보세요.

4 정평구는 일본군에 맞서 싸우기 위해 여러 가지 무기를 발명했어요. 발명가가 되려면 어떤 노력을 해야 할지 생각해 봐요.

 머리에 쏘옥

발명가가 되려면

발명가는 새로운 물건을 만들어 내는 일을 합니다. 발명가가 되려면 자신의 주변에서 일어나는 일에 호기심을 가져야 합니다. 발명은 불편함을 해결하려는 마음을 가지고 자기 주변을 바라보는 것에서 시작되기 때문입니다.

끈기 있는 도전 정신도 필요합니다. 백열전구 등 1000가지가 넘는 발명을 해서 발명왕으로 불리는 미국의 에디슨(1847~1931)도 한 가지의 발명을 위해 수도 없이 실패한 끝에 성공했답니다. 훌륭한 발명가가 되려면 실패를 많이 해도 꺾이지 않고 목표를 이루기 위해 노력하는 태도가 필요하다는 말이지요.

▲전구와 축음기 등을 발명한 에디슨.

9 백성을 사랑한 암행어사 박문수

박문수는 누구인가

▲박문수

박문수(1691~1756)는 조선 시대 영조(재위 1724~76) 임금 때 암행어사를 두 번 지내며 어렵게 사는 백성을 돌보는 데 힘썼습니다. 무거운 세금 부담을 덜어 줄 수 있는 제도를 만드는 데 앞장섰고, 자신의 재산을 털어 굶주리는 백성들을 돕기도 했죠. 특히 암행어사를 하는 동안 백성을 괴롭히는 관리들을 벌하고, 백성들의 억울한 사정을 풀어 줘 존경을 한몸에 받았습니다.

함께 읽으면 좋은 책

『전국 방방곡곡 어사 박문수가 간다』
박민호 지음, 머스트비 펴냄, 42쪽

암행어사 박문수가 임금의 명령을 받아 전국을 돌아다니며 백성들의 억울함과 굶주림을 해결해 주는 과정이 담겨 있어요.

백성의 억울한 사정 살피는 암행어사 두 번 지내

▲ 암행어사는 백성을 괴롭히는 관리들을 찾아내 벌을 줬다.

박문수는 조선 시대 충남 천안의 높은 관리 집안에서 태어났습니다. 그런데 8세 때 아버지가 돌아가시고 집안이 가난해져 어렵게 자랐지요.

그는 32세(1723년)에 과거에 합격해 벼슬을 시작했는데, 성품이 강하고 정직해 잘못된 일을 보면 참지 못했어요. 그래서 벼슬이 높은 사람들도 곧은 말을 하는 박문수를 두려워했답니다.

영조 임금은 그런 박문수를 굳게 믿어 암행어사를 시켰죠. 암행어사는 임금의 명령에 따라 자기 신분을 숨긴 채 여러 곳을 돌아다니며 어려움에 빠진 백성을 도왔어요. 그리고 백성을 함부로 다스리는 관리들에게는 벌을 내렸지요. 박문수는 영조 임금 때 두 번에 걸쳐 경상도와 충청도에서 암행어사로 활동하며 많은 일을 했어요.

박문수가 살던 때는 정치인들이 편을 갈라 틈만 나면 다퉜습니다. 하지만 그는 다른 편 사람들도 끌어안았기 때문에 병조판서까지 올랐답니다. 영조 임금은 박문수가 죽은 뒤 그의 공을 기려 영의정의 벼슬을 내렸습니다.

이런 뜻이에요

관리 나랏일을 하는 오늘날의 공무원과 같은 사람.
과거 관리가 되기 위해 통과해야 하는 시험.
병조판서 나라를 지키는 일을 맡은 오늘날의 국방부 장관과 같은 자리.
영의정 조선 시대 최고 벼슬로, 지금의 국무총리와 같다.

굶주리는 백성 위해 자기 재산도 나눠 줘

▲ 충북 괴산에 있는 '박문수 소나무'. 박문수가 이곳에서 잠시 쉬어 갔다고 한다.

박문수는 1727년과 1730년에 암행어사로 활동하며 백성들의 억울한 사정을 풀어 주고, 가난한 백성들을 돕는 데 힘썼어요.

그는 굶주리는 백성들을 먹여 살리기 위해 자신의 재산을 나눠 주었어요. 그리고 당시 구하기 어려웠던 소금을 만들어 팔기도 했죠. 조선 시대에는 소금을 만들려면 바닷물을 가마솥에 넣고 10시간 이상 끓여야 했어요. 그런데 땔감으로 쓸 나무도 구하기 어려웠던 때여서 소금을 만들기가 무척 어려웠답니다. 하지만 박문수는 6개월 만에 소금 3만 6000가마를 만들어 백성의 굶주림을 해결할 수 있었어요.

박문수는 또 백성들이 군대에 가지 않는 대신 나라에 내야 하는 세금이 많아 고통을 받자 이를 바로잡으려고 했어요. 박문수는 영조 임금을 설득해 세금을 절반으로 줄이는 대신 부족한 금액은 왕족과 양반에게 물리도록 하는 데 성공했답니다.

박문수는 백성을 괴롭히는 관리들의 잘못을 찾아내 벌을 주고, 백성의 편에 서서 일했기 때문에 지금도 널리 이름이 전해지고 있답니다.

이것만은 꼭!

마패

지름이 10센티미터쯤 되는 구리로 만든 둥근 패인데, 암행어사임을 증명하는 신분증을 말합니다. 조선 시대에는 전국 여러 곳에 역을 설치해 말을 보관했어요. 암행어사는 마패를 보여 주고 역에서 말을 빌려 이동할 수 있었지요. 마패에 그려진 말의 수만큼 말을 이용할 수 있었어요.

▲ 마패

암행어사가 꼭 지녀야 하는 물건

임금은 암행어사로 임명된 사람에게 사목 한 권과 마패 한 개, 유척 두 개를 주었어요. 사목은 암행어사의 할 일을 적은 책입니다. 유척은 놋쇠로 만든 자인데, 하나는 죄인을 매질할 때 쓰는 도구의 크기가 정확한지 봤어요. 다른 하나는 세금을 걷는 데 쓰이는 자나 저울이 정확한지 재는 데 썼어요.

▲ 암행어사는 신분을 숨긴 채 곳곳을 다녔다.

세금 줄이는 데 앞장서

조선 시대에는 16~60세의 평민 남자는 모두 군대에 가야 했어요. 농삿일 등 때문에 군대에 가지 않으려면 1년에 베를 2필씩 내야 했죠. 그런데 백성들이 너무 가난해 이를 내기 어려웠답니다. 그래서 박문수 등이 이를 1필로 줄이고, 부족한 세금을 다른 데서 채우도록 건의했답니다.

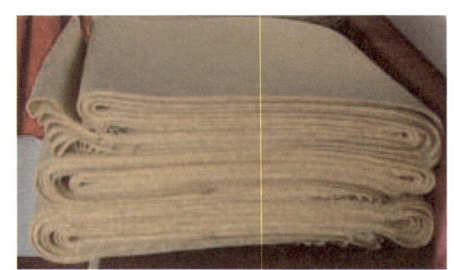

▲ 조선 시대 군대에 가던 대신 내던 베. 베 1필은 길이가 16.35미터에 너비는 32.7센티미터였다.

생각이 쑤욱

1 암행어사가 된 박문수가 길을 떠나려고 해요. 꼭 챙겨야 할 물건은 무엇이 있을까요?

2 박문수가 조선 시대에 가장 유명하고 존경 받는 암행어사가 된 까닭은 무엇일까요?

머리에 쏘옥

박문수의 지혜와 백성을 사랑하는 마음

박문수가 경상도를 다스리는 관리로 있을 때, 집에서 쓰는 물건들이 바닷가로 마구 떠내려 왔어요.

이를 본 박문수는 북쪽 지역인 함경도(지금의 북한 지역)에 큰 홍수가 났을 것으로 짐작하고, 임금의 허락도 없이 경상도에 있던 곡식 300석을 보내 주었답니다.

그 무렵 함경도에는 박문수의 짐작대로 큰 홍수가 났어요. 그래서 그곳을 다스리던 관리가 백성들이 굶으니 경상도에 있는 곡식을 보내 달라는 편지를 임금에게 보냈어요. 그런데 편지를 보내자마자 곡식이 도착해 깜짝 놀랐지요.

박문수는 그 뒤 백성들에게 어려움을 잘 해결해 주는 고마운 사람, 해결하지 못하는 사건을 풀어 주는 신기한 재주를 지닌 사람으로 존경을 받았답니다.

▲박문수의 묘. 충남 천안시 동남구 북면 은석산 꼭대기에 있다.

생각이 쑤욱

3 박문수처럼 훌륭한 암행어사가 되기 위해 갖춰야 할 능력 세 가지를 들고, 왜 그런 능력이 필요한지도 말해 보세요.

☞암행어사는 집을 떠나 오랫동안 지방을 돌아다녀야 하기 때문에 체력이 좋아야 했다.

4 우리 반에서 암행어사를 뽑기로 했어요. 암행어사가 된다면 우리 반을 위해 어떤 일을 할지 말해 봐요.

머리에 쏘옥

암행어사는 어떤 일을 했을까

임금은 암행어사가 필요하면 언제나 불러 명령을 내렸답니다. 임금에게 할 일을 받은 암행어사는 집에도 들르지 못한 채 변장을 하고 길을 떠나야 했습니다.

암행어사는 지방을 다스리는 관리가 게으름을 피우거나 백성을 함부로 다스리지는 않는지 몰래 감시했어요. 관리가 잘못을 저질렀거나 조사할 사건이 있으면 군사를 데리고 가서 죄를 따져 벌을 줬어요. 그리고 백성의 생활에 어려움은 없는지 살피고, 원하는 바를 들어주었지요.

농사에 필요한 물을 가두는 저수지가 튼튼한지도 살폈어요.

현장에서 바로 해결할 수 없는 문제는 임금에게 알려 해결했답니다.

▲ 충남 천안시 목천읍에 있는 박문수 동상.

10 바다 생물 백과사전을 만든 정약전

정약전은 누구인가

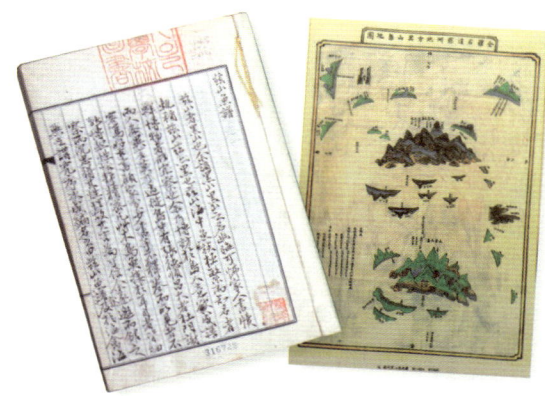

▲『자산어보』와 흑산도를 그린 옛 지도.

정약전(1758~1816)은 조선 시대의 학자인데, 천주교를 믿었다는 이유로 전남 신안의 흑산도에 귀양을 가게 됩니다. 그는 이곳에 살면서 섬의 백성들을 위해 주변 바다 생물을 조사해『자산어보』라는 조선 시대 최고의 바다 생물 백과사전을 썼습니다.

함께 읽으면 좋은 책

『편지로 우애를 나눈 형제 정약전과 정약용』
홍기운 지음, 머스트비 펴냄, 42쪽

조선 시대 정약전과 그의 동생이 귀양을 가서 편지를 주고받으며 우애를 나눈 이야기가 담겨 있다.

생각하며 읽기

천주교 믿는다는 이유로 흑산도로 귀양 가

홍어, 문어, 전복, 낙지, 오징어, 멸치….

우리에게 잘 알려진 이들 바다 생물은 언제부터 이렇게 불렸을까요. 이들 이름이 처음 책에 나온 것은 정약전이 1814년에 지은 『자산어보』랍니다.

경기도 광주에서 태어난 정약전은 1776년 서울로 벼슬을 하러 떠나는 아버지를 따라 이사를 했어요. 그는 서울에 살면서 중국을 통해 들어온 서양의 앞선 학문과 천주교를 알게 되었습니다. 그리고 가족들 모두 천주교를 믿게 되었지요.

▲ 정약전이 흑산도에서 아이들을 가르쳤던 서당(복성재).

정약전은 1790년 과거 시험에 붙어서 관리가 되었어요. 하지만 자신을 아껴 주던 정조(재위 1776~1800) 임금이 돌아가시는 바람에 반대파의 공격을 받았습니다. 그리고 천주교를 믿는다는 이유로 1801년 흑산도로 귀양을 가게 되었지요.

그는 귀양을 가서도 백성을 보살피고, 서당을 열어 아이들을 가르쳤어요. 그런데 흑산도 사람들은 물고기의 이름이나 쓰임새를 잘 몰라 어려움을 겪었지요. 그래서 그들을 위해 섬 주변의 바다 생물에 관한 『자산어보』를 쓰게 된 것입니다.

이런 뜻이에요
귀양 죄인을 멀리 떨어진 지역이나 외딴섬에 보내 살게 하던 벌.
서당 학생들을 가르치기 위해 지방에 만든 사립 학교.

바다 생물 백과사전 『자산어보』를 만들다

정약전은 흑산도의 백성들을 위해 주변 바다에서 사는 생물의 이름을 통일하고 어떻게 쓰이는지 밝히는 일을 시작했어요. 그는 바다에 나가 물고기와 동식물을 직접 잡거나 채취해 하나하나 관찰했지요.

이렇게 해서 바다 생물 226가지의 이름과 먹이, 생김새, 습성, 쓰임새, 약으로 썼을 때의 효과 등에 이르기까지 자세하게 정리했습니다. 예를 들면 지역에 따라 다른 청어의 등뼈 수까지 조사하고, 상어를 해부해 살펴보기도 했어요. 물고기의 이름이나 쓰임새는 흑산도 어부들의 말을 들어 정리했는데, 이름을 모르는 물고기는 스스로 이름을 붙였습니다.

▲ 정약전이 지은 『자산어보』.

조사를 끝낸 바다 생물은 인류(비늘이 있는 생물), 무인류(비늘이 없는 생물), 개류(껍질이 단단한 생물), 잡류(앞의 세 종류에 속하지 않는 생물)로 나누어 한자로 적었어요. 이러한 방식은 지금처럼 생물을 분류하는 기준이 따로 없었던 조선 시대에는 생각하기 어려웠지요.

▲ 청어의 모습. 사는 곳에 따라 등뼈 수가 다르다.

이들 바다 생물 정보는 3권의 책에 담겨 나왔는데, 이것이 조선 시대 최고의 바다 생물 백과사전인 『자산어보』입니다.

 **이것만은 꼭!**

흑산도

전남 신안군 흑산면에 딸린 섬. 인구는 4300명에 넓이는 여의도의 7배(19.7제곱킬로미터)쯤 됩니다. 산과 바다가 푸르다 못해 검게 보인다고 '흑산도'라고 불렀어요. 산이 많아 농사를 지을 수 있는 땅이 적어요. 그래서 옛날에는 홍어나 가오리, 조기, 고등어, 삼치 등을 잡아 생활했답니다.

▲ 흑산도의 모습.

천주교

천주교는 하느님과 예수님을 믿는 종교예요. 천주교는 모든 사람이 평등하다고 가르쳤고, 조상에게 제사를 지내지 못하게 했어요. 그런데 조선은 엄격한 신분 사회였고, 조상에게 제사를 지내는 유교를 믿었지요. 그래서 천주교를 믿는 사람들을 붙잡아 죽이거나 엄하게 벌을 내렸어요.

▲ 조선 시대 천주교인들이 모여서 미사를 드리는 모습.

백과사전

과학이나 사회, 경제, 문화, 예술 등 자연과 사람의 활동에 관련된 모든 지식을 정리한 책을 말해요. 내용을 가나다순이나 일정한 순서로 배열해서 설명하고 있지요. 백과사전을 찾아보면 어떤 지식을 정확하게 알 수 있고, 어떤 주제를 깊이 있게 공부할 수 있답니다.

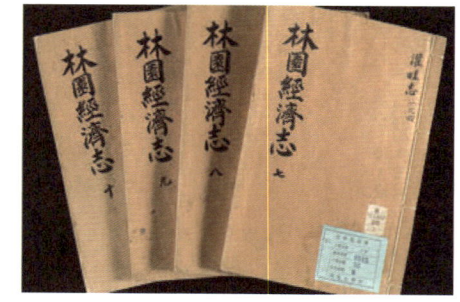
▲ 조선 시대에 만들어진 농업 관련 백과사전(임원경제지).

생각이 쑤욱

1 정약전은 왜 흑산도 주변의 바다 생물에 관한 책을 썼나요?

▲ 흑산도 주변 바다에서 사는 홍어.

2 정약전이 살았던 시대에는 천주교를 믿으면 왜 벌을 받았나요?

머리에 쏘옥

『자산어보』라는 이름을 붙인 까닭

『자산어보』는 흑산도의 바다 생물에 관한 기록인데, 『흑산어보』가 아니라 『자산어보』라고 이름을 지었지요.

'자산'은 원래 '흑산'을 가리키는 말이에요. 정약전은 가족들과 편지를 주고받을 때 '흑산'을 '자산'이라고 썼다고 합니다. 흑산이라는 이름이 어둡고 슬픈 느낌이 들어 같은 뜻을 가진 다른 말로 나타낸 것이랍니다. 가족과 떨어져 외딴섬에서 살아야 했기 때문에, 자신의 삶이 더 힘들게 느껴졌을 거예요.

어보란 '물고기의 족보'란 뜻인데, 어떤 물고기를 분류해 모습이나 먹이, 사는 곳, 자손을 퍼뜨리는 방법 등을 오늘날의 백과사전처럼 자세하게 적은 것을 말합니다.

 생각이 쑤욱

3 정약전이 자신의 책 이름을 『자산어보』로 붙인 까닭은 무엇인가요? 그리고 나라면 책 제목을 어떻게 바꾸고 싶으며, 그 이유는 무엇인가요?

4 내가 학자가 된다면 정약전처럼 쓰고 싶은 책을 말해 보세요.
☞열심히 연구해서 전문가가 되고 싶은 분야를 먼저 정한 뒤, 어떤 방법으로 책을 쓰고 싶은지 적으면 됩니다. 책의 제목은 내용 전체를 알 수 있게 짓되, 짧을수록 좋습니다.

 머리에 쏘옥

우리 것을 연구한 학자

조선 시대에 우리나라 사람들은 중국을 큰 나라로 받들어 모셨어요.

학자들도 중국이 세상의 중심이라고 생각했고, 중국의 학자들이 쓴 책을 공부하는 데 힘을 쏟았지요. 그런데 조선 시대 후기에 들어서면서 우리것에 관심을 갖는 학자들이 나타났어요. 그래서 우리 역사와 자연을 연구하기 시작했지요.

정약전은 흑산도 주변의 바다 생물을 연구했어요. 중국 책을 통해 자연을 이해하는 것보다 우리나라의 자연을 올바르게 이해하는 것이 더 중요하다고 생각했기 때문이지요.

그래서 자신이 직접 바다 생물을 관찰하고, 그 결과를 책으로 썼어요. 이 과정에서 중국의 책에서 바다 생물에 관해 잘못 쓴 점들을 바로잡기도 했지요.

11 평등한 세상을 꿈꾼 '녹두장군' 전봉준

전봉준은 누구인가

전봉준(1855~95)은 조선 시대 고종(재위 1863~1907) 때 백성의 고통을 덜어주기 위해 싸운 지도자입니다. 그때는 백성의 재산을 함부로 빼앗고 괴롭히는 못된 벼슬아치들이 많아 혼란한 시기였습니다. 밖에서는 일본이 나라를 빼앗기 위해 기회를 노리고 있었죠. 전봉준은 농민군을 일으켜 못된 벼슬아치들을 쫓아내고, 모든 백성이 평등한 세상을 만들기 위해 노력했습니다. 그리고 일본군을 몰아내기 위해 싸우다 목숨을 잃었답니다.

▲ 전봉준

함께 읽으면 좋은 책

『동학 농민 운동의 선봉장 전봉준』
조채린 지음, 주니어RHK 펴냄, 116쪽

전봉준이 평등한 세상을 만들기 위해 어떤 노력을 했는지 알 수 있어요.

벼슬아치들과 백성이 똑같이 살기 좋은 세상 만들자

전봉준은 1855년 전라도에서 태어났어요. 마을 사람들은 키가 작은 전봉준을 '녹두'라고 불렀지요.

전봉준이 살던 때는 백성들이 가난해 빚에 쫓기고 무거운 세금에 눌려 어렵게 살아야 했어요. 그래서 자기 땅을 잃은 채 벼슬아치들의 땅에서 농사를 짓는 소작인이 되었죠. 벼슬아치들은 백성들이 피땀 흘려 농사지은 곡식을 이런저런 구실을 대 빼앗아 가는 바람에 다시 빚을 져야 했지요.

▲전봉준은 벼슬아치들이 함부로 고을을 다스리지 못하도록 백성도 다스리는 데 참여할 수 있는 집강소를 설치했다.

그때 백성들 사이에서 '동학'이라는 새로운 종교가 널리 퍼졌어요. 동학은 '누구나 하늘처럼 귀하고 평등하기 때문에 서로 공경하고 도우면 살기 좋은 세상이 온다.'고 가르쳤지요.

전봉준과 백성들은 동학을 통해 평등한 세상을 꿈꾸었습니다. 마침내 1894년 1월 동학을 믿는 1000여 명의 농민들과 '동학농민군'(줄임말 동학군)이라는 군대를 만들었어요. 그런 뒤 전라도 지역의 못된 벼슬아치들을 몰아내기 시작했어요. 또 동학군이 점령한 고을마다 벼슬아치들이 백성과 의논해 일을 처리할 수 있는 집강소를 뒀습니다.

"우리가 벼슬아치들에게 이건 잘되었고, 저건 잘못되었다고 말할 수 있다니 꿈만 같아!" 백성들은 신이 났답니다.

> **이런 뜻이에요**
> **소작인** 다른 사람의 땅을 빌려 농사를 짓고 그 대가로 사용료를 주는 사람.

우리나라 빼앗으려던 일본군과 싸우다 목숨 바쳐

그때 우리나라에서는 일본군이 대궐(경복궁)에 들어가 고종 임금을 가둔 뒤 나라를 마음대로 주무르려고 했어요. 일본에게 나라를 빼앗길 위기에 놓이자, 그해 9월 전봉준과 수많은 동학군이 다시 일어나 일본군을 쫓아내기로 했어요.

▲ 전봉준과 동학군은 우리 땅에서 일본군을 몰아내는 데 앞장섰다.

"지난번 못된 벼슬아치들을 몰아낼 때처럼 이번에는 백성들 모두 힘을 모아 일본군을 몰아내자."

하지만 죽창과 구식 무기밖에 없던 동학군은 최신식 기관총으로 무장한 일본군을 당해 낼 수 없었습니다. 동학군은 일본군이 쏘는 기관총에 맞아 시체가 산처럼 쌓였어요. 전봉준은 후퇴하면서 뒤쫓는 일본군과 여러 번 싸움을 벌였지만, 그때마다 지고 말았어요.

"다시 일어난다! 죄 없이 죽은 백성을 위해서라도 다시 일어난다!"

전봉준은 다시 일어설 기회를 엿보며 피해 다니다가 결국 상금에 눈이 먼 옛 부하가 몰래 일러바치는 바람에 그해 12월 붙잡히고 말았어요. 전봉준은 우리 땅에서 목숨을 걸고 몰아내려던 일본군에게 사형을 당했답니다.

이것만은 꼭!

동학

최제우(1824~64)가 1860년 처음 만든 종교다. 동학은 '사람이 곧 하늘'이라고 주장했는데, 이는 '사람이 모두 평등하다'는 뜻이다. 또 모든 사람을 대할 때 하늘을 섬기는 것처럼 겸손해야 한다고 가르쳤다. 따라서 신분 차별이 엄격했던 당시에는 동학을 믿지 못하게 했다.

▲ 동학이 처음 일어난 경북 경주시 현곡면의 용담정.

집강소

동학군이 차지한 전라도 각 고을에 설치한 농민 자치 기구다. 전주성에서 승리를 거둔 뒤부터 설치한 집강소에서 백성들은 마을을 다스리는 데 직접 참여할 수 있게 됐다. 이곳에서 백성들은 신분 차별을 없애는 등 그동안의 잘못된 점을 바꿀 수 있었다.

▲ 집강소로 사용했던 전남 무안군 청계면의 청천사.

우금치 전투

1894년 동학농민운동 때 동학군과 일본군이 충남 공주의 우금치에서 벌인 전투다. 이 전투는 동학군이 벌인 전투 가운데 최대 규모였으나 일본군에게 크게 졌다. 창과 구식 총으로 무장한 동학군은 기관총 등 최신 무기로 무장한 일본군에 밀려 결국 흩어졌다.

▲ 충남 공주 우금치의 동학농민운동 기념비.

 생각이 쑤욱

1 다음은 '새야 새야 파랑새야'의 악보예요. 노래를 불러 보고, 가사에서 '파랑새'와 '녹두꽃'이 각각 무엇을 뜻하는지 생각해 봐요.

 머리에 쏘옥

'새야 새야 파랑새야'

경남 창원 진해에서 전봉준과 관련해 전해 내려오는 동요입니다.

1894년 동학농민운동 때 일본군이 푸른색 군복을 입었기 때문에 '파랑새'는 일본군을 뜻하지요. 또 당시 사람들이 전봉준을 '녹두장군'이라고 불렀는데, 여기서 '녹두밭'은 전봉준을, '청포장수'는 백성을 뜻한다고 볼 수 있답니다.

2 전봉준은 몸집이 작아 '녹두장군'이라는 별명이 있어요. 전봉준에게 어울리는 다른 별명을 붙이고, 왜 그렇게 지었는지도 말해 보세요.

3 전봉준이 살던 시대에 백성들의 삶은 어땠나요? 그리고 전봉준은 어떤 세상을 꿈꾸고 동학군을 일으켰나요?

 생각이 쑤욱

4 전봉준은 농민들과 힘을 합쳐 백성을 괴롭히는 못된 벼슬아치들을 몰아냈습니다. 하지만 최신식 무기로 무장한 일본군을 급하게 쫓아내려다 실패하고 말았어요. 내가 전봉준이라면 일본군에게 이기기 위해 어떤 계획을 세웠을까요?

 머리에 쏘옥

동학군은 왜 일본군에 졌을까

동학군은 일본군이 조선을 집어삼키려 한다는 소식을 들은 뒤 전주에서 다시 일어났어요. 충청도 지방의 농민군까지 합쳐 10만 명에 이르는 대규모 부대가 일본군을 무찌르기 위해 공주로 쳐들어갔지요.

우금치 고개에서 일본군과 큰 전투를 벌였는데, 신식 무기로 무장한 일본군에게 밀려 크게 지고 말았어요.

일본군에게 진 이유는 또 있어요. 전봉준과 지도자들이 못된 벼슬아치들을 쉽게 물리쳤기 때문에 일본군을 쉽게 이길 것으로 생각했기 때문이죠. 전봉준은 흩어졌다가 다시 힘을 모아 싸우려 했지만, 부하가 몰래 일러바치는 바람에 붙잡혀 죽임을 당했어요.

동학농민운동은 이렇게 성공하지 못하고 끝났답니다.

5 아래 빈칸을 채워 전봉준과 가상으로 한 대화 내용을 완성하세요.

 동학농민운동이 성공하지 못해 너무 아쉽습니다. 이 운동은 왜 일으키셨나요?

 일본군을 몰아내려다 어이없게 졌는데, 왜 패했다고 생각하세요?

 동학농민운동은 우리 땅에서 일본군을 몰아내려다 실패했지만 큰 가치가 있는데, 이 운동이 왜 중요하다고 생각하시나요?

12 조국의 독립 위해 목숨 바친 윤봉길

윤봉길은 누구인가

윤봉길(1908~32)은 우리나라를 일본에게 빼앗겼을 때 나라를 되찾기 위해 목숨을 바친 독립운동가입니다. 윤봉길은 나라를 되찾기 위해 농민들에게 글을 가르치고, 독립 운동 단체에 들어가 활동했지요. 그러다 목숨을 바칠 각오를 하고 일본의 높은 사람들에게 폭탄을 던졌습니다. 윤봉길의 용감한 행동을 통해 우리나라는 독립을 위해 열심히 싸우는 모습을 세계에 알릴 수 있었습니다.

▲ 윤봉길

함께 읽으면 좋은 책

『조국의 독립을 위해 목숨을 바친 독립운동가 윤봉길』
박성배 지음, 효리원 펴냄, 80쪽

일본에 맞서 나라의 독립을 위해 목숨을 바친 윤봉길의 용기를 배울 수 있습니다.

생각하며 읽기

마을 사람들에게 글 가르치며 애국심 키워

일본은 윤봉길이 아기였을 적인 1910년에 우리나라를 빼앗았습니다. 그리고 학교에서는 강제로 일본말을 배우게 하고, 일본에 복종하는 교육을 시켰지요. 윤봉길은 이러한 교육이 싫어 초등학교를 그만두고 서당에서 한문을 공부했습니다.

윤봉길은 우리 국민이 배우지 못하고 아는 게 없어 일본에게 나라를 빼앗겼다고 생각했습니다. 그래서 밤에 학교를 열어 자신이 지은 책으로 마을 사람들에게 글을 가르쳤지요.

▲ 나라를 되찾기 위해 굳은 다짐을 하는 윤봉길.

일본은 가난한 우리 농민들이 열심히 일해 추수한 쌀을 모두 빼앗아 갔습니다. 윤봉길과 마을 사람들은 나라를 되찾아야 사람답게 살 수 있다고 생각했지요.

윤봉길은 1930년 마침내 독립 운동을 하기로 마음먹고 중국의 만주로 떠났습니다. 하지만 도중에 일본 경찰에 붙잡혀 45일간 옥살이를 했습니다. 감옥에서 풀려난 그는 1931년 8월 임시정부가 있는 상하이로 가서 지도자인 김구(1876~1949)를 만났습니다. 그리고 조국의 독립을 위해 목숨을 바칠 것을 다짐했습니다.

> **이런 뜻이에요**
> **서당** 예전에 한문을 가르치던 사립 학교.

일본의 높은 사람들에게 폭탄 던지고 사형당해

김구를 만난 윤봉길은 나라를 위해 일할 때가 오기만을 기다렸습니다.

그러던 1932년 4월, 김구는 윤봉길에게 신문 한 장을 내밀었습니다. 신문에는 '오는 4월 29일에 상하이 훙커우공원에서 일본 왕의 생일을 기념하는 행사가 열린다.'는 글이 적혀 있었습니다.

윤봉길은 이 기회를 이용해 기념식장에 참석한 일본의 높은 사람들에게 폭탄을 던지기로 결심했습니다. 그리고 독립운동가들의 도움을 받아 폭탄을 만드는 등 준비를 철저히 했습니다.

4월 29일, 기념식장에 들어간 윤봉길은 폭탄을 던졌습니다. 이 폭발로 일본군 대장 등 높은 사람들 여러 명이 죽거나 다쳤습니다.

폭탄을 던진 윤봉길은 "대한 독립 만세!"를 외치다 일본군에 붙잡혔습니다. 그는 일본으로 끌려가 감옥에 갇혔다가 그해 12월 19일 죽임을 당했습니다.

이 사건은 중국 등 세계에 알려졌습니다. 그때 중국의 지도자였던 장제스는 "4억 명의 중국인이 해내지 못한 큰일을 한국인 한 사람이 해냈다."고 칭찬했답니다.

▲윤봉길이 훙커우공원에 가져갔던 폭탄.

이것만은 꼭!

김구

1911년부터 독립 운동을 하다가 1919년 3·1운동 이후에 중국 상하이로 건너가 대한민국 임시정부를 세우는 일에 참여했다. 처음에는 다른 사람들보다 배운 것이 많지 않아 중요한 일을 맡지 못했으나 곧 능력을 인정받았다. 1926년에는 임시정부에서 가장 높은 자리인 국무령이 되었고, 1940년에도 가장 높은 자리인 주석이 되었다.

▲ 김구

윤봉길기념관

윤봉길이 남긴 유물과 독립 운동 자료를 전시해 놓은 건물. 서울시 서초구 양재동에 있다. 1층에는 유물 전시실이 있고, 2층 독립 운동 사진 전시실에는 독립 운동과 관련된 사진 120여 점이 전시되어 있다. 영상실에서는 윤봉길의 삶을 다룬 영화를 보여 준다.

▲윤봉길기념관

대한민국 임시정부

1919년 3·1운동 이후 대한민국의 독립 운동을 더 잘 이끌기 위해 같은 해 4월에 여러 애국자들이 모여 중국 상하이에 임시로 만든 정부. 김구는 임시정부 활동을 돕기 위해 해외에서 자금을 모아 일본에 저항하는 여러 군사 활동을 지원했다. 독립 운동의 중심 역할을 했다.

▲상하이에 있던 대한민국 임시정부 청사의 모습.

생각이 쑤욱

1 일본은 우리나라를 빼앗은 뒤 우리 국민들을 어떻게 괴롭혔나요?

2 윤봉길이 나라를 되찾기 위해 어떤 노력을 했는지 세 가지만 말해 봐요.

▲폭탄을 던진 뒤 일본군에게 끌려가는 윤봉길.

 머리에 쏘옥

일본은 우리 국민들을 어떻게 괴롭혔을까

　일본은 우리나라를 빼앗은 뒤 우리 국민을 일본 사람으로 만들려고 우리말과 글을 사용하지 못하게 했습니다. 학교에서는 수업을 일본어로 했고, 역사 시간에는 우리 역사 대신 일본 역사를 가르쳤습니다.

　그리고 우리 농민들이 농사지은 곡식을 아주 싼값을 주고 빼앗다시피 가져갔어요. 그래서 농민들은 늘 굶주려야 했습니다.

　일본이 세계대전을 일으켰을 때는 우리 땅에 무기 공장을 세웠고, 전쟁에 필요한 것을 닥치는 대로 가져갔어요. 석탄을 캐 가고, 무기를 만드는 데 쓴다고 놋그릇이나 수저 등 모든 쇠붙이를 쓸어갔지요.

　한국인들을 강제로 끌어다 돈도 안 주고 광산과 공장에서 일하게 했지요. 또 수많은 젊은이들이 군대로 끌려가 목숨을 잃었답니다.

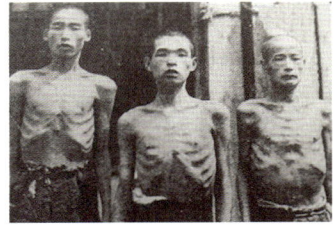
▲일본의 한 섬에 있는 탄광으로 끌려가 강제로 석탄을 캐던 한국인들. 제대로 먹이지도 않고 일만 시켜 갈비뼈가 보일 정도로 말랐다.

 **생각이 쏘옥**

3 나라의 힘이 약해지면 윤봉길이 살던 때처럼 나라를 잃게 됩니다. 지금 우리나라의 힘을 강하게 만들기 위해 내가 할 수 있는 일을 아는 대로 말해 봐요.

 머리에 쏘옥

윤봉길은 왜 존경을 받을까

일본은 우리나라의 독립 운동을 막기 위해 사람들을 감시하고 닥치는 대로 잡아다 감옥에 가뒀습니다.

그래서 독립운동가들은 중국으로 건너가 비밀 단체를 만들어 활동했지요. 독립운동가들은 한국인을 괴롭히는 일본인들을 혼내 주거나 주요 건물을 파괴하는 일을 했습니다. 이런 일을 하며 윤봉길처럼 목숨을 바치기도 했습니다.

윤봉길이 일본 왕에게 폭탄을 던진 사건은, 나라를 잃은 슬픔에 빠진 우리 국민에게 새로운 독립 의지를 다지게 했습니다. 그리고 독립운동가들이 다시 뭉치게 만들었지요.

중국인들도 한국인들이 목숨을 걸고 독립 운동을 하는 모습에 감동해 임시정부를 많이 도왔답니다.

4 아래 글은 윤봉길이 가족들에게 남긴 편지입니다. 글을 읽은 뒤 왜 윤봉길이 존경을 받는지 생각해 봐요.

강보에 싸인 두 아들, 모순과 담에게

너희도 만일 피가 있고 뼈가 있다면 반드시 우리나라를 위해 용감한 투사가 되어라. 태극의 깃발을 높이 드날리고, 나의 빈 무덤 앞에 찾아와 한 잔의 술을 부어라. 그리고 너희들은 아비 없음을 슬퍼하지 마라.

이런 뜻이에요

강보 아기의 작은 이불(포대기).
투사 싸움터나 경기장에서 싸우는 사람.
태극의 깃발 태극기를 말함.
아비 '아버지'를 낮춰 이르는 말.

인물로 배우는 편편 역사 3호 답안과 풀이

고구려와 백제의 건국을 도운 소서노

♣7쪽
1. 독해력을 기른다.
☞예시 답안
　주몽이 강한 나라를 세울 능력과 꿈을 가지고 있었기 때문이다. 그때 중국은 한반도의 북쪽을 다스리면서 주변의 부족들을 괴롭혔기 때문에 중국을 물리치려면 힘이 센 나라가 필요했다.
2. 독해력을 기른다.
☞예시 답안
　-졸본성을 수도로 정한 까닭: 졸본성은 주변이 높은 절벽으로 둘러싸여 있어 이웃 나라들의 공격을 막아 내기에 유리했다. 또 산꼭대기는 넓은 평지가 있고, 큰 저수지도 있어 사람들이 살기에 좋았다.
　-위례성을 수도로 정한 까닭: 위례성은 북쪽에 한강이 흘러 적군이 성으로 들어오는 것을 막아 주고, 동쪽에는 높은 산이 있어 적군의 침략을 받아 위태로울 때 방어하기에 좋았기 때문이다. 또 남쪽에는 기름진 평야가 있어 농사 짓기에 좋았다.

♣8쪽
3. 배운 내용을 바탕으로 추론하는 능력을 기른다.
☞예시 답안
　소서노가 졸본을 떠나지 않았다면, 자신의 아들을 임금 자리에 앉히려는 소서노와 주몽 사이에 다툼이 일어났을 것이다. 이렇게 되면 나라 힘이 약해져 중국에게 또 괴롭힘을 당했을 것이다.
4. 역사적 사실에서 교훈을 얻어 현실에 적용하는 문제 해결 능력을 기른다.
☞예시 답안
　어린이들이 행복한 나라를 세우고 싶습니다. 지금 우리나라는 어린이들이 국어, 영어, 수학 공부에만 매달려 학교가 끝나도 저녁 늦게까지 학원에 다니느라 전혀 행복하지 않습니다. 그래서 어린이들에게 학교가 끝나면 맘껏 뛰어놀 수 있는 자유를 주었으면 합니다. 공부 때문에 경쟁만 하면 체력도 약해지고, 다른 사람을 이기려는 마음이 심해 불행해집니다. 이렇게 되면 나라의 미래도 밝지 않습니다.

우리나라에 유교를 널리 알린 설총

♣13쪽
1. 독해력을 기른다.
☞예시 답안
　백성은 나라에 충성하고, 자식은 부모님께 효도해야 한다/임금은 좋은 말만 하는 신하를 멀리하고, 정직한 신하를 가까이 해야 한다 등.
2. 배운 내용을 바탕으로 추론하는 능력을 기른다.
☞예시 답안
　글자를 모르는 사람이 많아 지식이 약해져 나라 발전이 안 되었을 것이다/지금까지 중국이나 다른 나라의 지배를 받을 것이다/우리말을 대신해 영어를 쓸 것이다 등.

♣14쪽
3. 창의성 가운데 융통성을 기른다.
☞예시 답안
　유교의 가르침을 잘 실천하는 사람들에게 상을 줘서 사람들끼리 유교를 가르치고 배우게 할 것이다/전국의 어린이들을 대상으로 유교 알기 골든벨 퀴즈 대회를 정기적으로 열 것이다 등.
4. 역사적 사실에서 교훈을 얻어 현실에 적용하는 문제 해결 능력을 기른다.
☞예시 답안
　유교의 가르침에 따르면 자식은 부모에게 효도하고, 신하는 임금에게 충성해야 한다. 그리고 임금은 신하를 신의로 대하고, 백성을 자식처럼 사랑하라고 한다. 이러한 가르침이 실천되면 나라는 안정되고 백성은 잘살 수 있는 나라가 될 수 있기 때문이다.
　설총은 아버지의 뜻을 이어받아 유교의 가르침을 통해 백성들이 잘사는 나라를 만들려고 혼자서도 유교를 열심히 연구했다. 그리고 백성들에게 유교의 가르침을 널리 알리기기 위해 이두를 발전시키는 등 무척 많은 노력을 기울였다.
　나는 설총처럼 경제를 부지런히 연구해 장관이 되어 일자리를 많이 늘리고 싶다. 그래서 직업이 없는 사람들이 일을 해서 월급도 많이 받고, 세금도 많이 내서 부강한 나라로 만들고 싶다.

미륵사를 세운 백제 무왕

♣19쪽
1. 독해력을 기른다.
☞예시 답안
　신라와 10여 차례 이상 전쟁을 벌여 땅을 넓혔다/동양 최대의 미륵사를 세워 백성들의 마음을 하나로 모아 주변 나라들이 백제를 넘보지 못하게 했다 등.
2. 배운 내용을 바탕으로 추론하는 능력을 기른다.
☞예시 답안
　<백성> 역시 대왕님이야! 이제 앞으로 신라가 더 이상 백제를 함부로 쳐들어오지 못할 거야. 그러면 우리는 안심하고 농사를 지으며 평화롭게 수 있어.
　<귀족> 이거 큰일났군! 무왕이 점점 강해지면 우리를 그대로 놔두지 않을 텐데. 아마 귀족들을 자기 뜻대로 움직여 여러 가지로 부려먹으려고 할 거란 말이야.
3. 정보를 요약하는 능력이 필요하다.
☞예시 답안
　나, 무왕은 익산으로 수도를 옮기려고 한다. 그 이유는 지금 사비(부여)의 귀족들이 자기 힘만 믿고 왕의 말을 무시하며 나라를 위하지 않는다. 또 익산으로 수도를 옮기면 백제와 신라의 거리가 더 가까워져서 공격에 유리하기 때문이다.

♣20쪽
4. 학습한 정보를 바탕으로 추론하는 능력을 기른다.
☞예시 답안
　정말 굉장했습니다! 미륵사는 우리 일본의 기술보다 훨씬 뛰어난 기술로 지었습니다. 일본의 절보다 훨씬 크고, 장식 하나하나가 모두 예술이었습니다. 9층이 넘는 석탑도 높고 아름다웠습니다. 따라서 우리 일본은 백제의 기술을 빨리 배워야 합니다.
5. 앞서 배운 역사 지식을 최대한 활용해 상대를 설득하는 논리력과 표현력을 기른다.
☞예시 답안
　엄마 아빠! 익산 무왕길은 2010년 11월 13일 익산에서 만든 길인데, 무왕이 한 일을 직접 체험할 수 있어요. 무왕이 나고 자란 서동 생가부터 왕궁 터까지 무왕과 관련된 모든 장소를 길로 연결해 만들었다고 하니까요. 그리고 무왕길은 무왕의 무덤에서 시작해 그가 살았던 7세기 백제의 모습을 엿볼 수 있는 유적 전시관까지 체험 코스로 꾸몄대요. 가장 긴 길은 18.4킬로미터인데, 천천히 걸으면 6시간 20분이 걸린다고 해요. 4월이면 꽃도 활짝 피고 날씨도 좋잖아요. 이럴 때 가족 모두 무왕길에 다녀온다면, 역사 공부도 하고 운동도 함께 하는 소풍 같은 여행이 될 거예요.

중국을 이긴 고구려의 연개소문

♣25쪽
1. 독해력을 기른다.
☞예시 답안
　역사 속에서 조상의 지혜를 배우면 자신의 뒤를 이어 정치를 잘할 수 있을 것으로 생각했기 때문이다 등.
2. 독해력과 정보를 선별해 압축하는 능력을 기른다.
☞예시 답안
　연개소문의 강한 정신력과 국민을 굳세게 단결시켰던 훌륭한 지도력이 있었다/당나라와 이웃한 국경 지대에 성을 튼튼하게 쌓고 잘 지켰다/군대를 잘 훈련했다 등.

♣26쪽
3. 연개소문의 성품과 업적을 생각해 추론하는 능력을 기른다.
☞예시 답안
　　우리 고구려는 어느 누구에게도 굽히지 않는 자존심으로 뭉친 나라입니다. 지금 왕과 신하들은 이러한 고구려인의 자존심을 외면한 채 싸움을 피하기 위해 당나라의 건방진 요구에 굽실거리는 나약한 모습만 보여 주고 있습니다. 더 이상 당나라에게 잘 보이려 해서도 안 되고, 그들의 요구를 들어 줘서도 안 됩니다. 우리의 자존심을 살려 당당히 맞서야 깔보지도 않고 쳐들어올 생각도 하지 못 할 것입니다.
4. 본문에서 얻은 지식을 바탕으로 판단하는 능력과 논리적인 서술 능력을 기른다.
☞예시 답안
　　-연개소문은 영웅이다 : 연개소문은 뛰어난 지도력을 보이며 훨씬 수가 적은 군사들을 이끌고 당나라의 태종에게 맞서 고구려를 지킨 영웅이다. 어떠한 위협에도 물러서거나 망설임이 없었고, 옳다고 생각하는 일에는 절대로 뜻을 꺾지 않을 만큼 강직한 성격을 가졌다. 연개소문이 있는 한 다른 나라들은 고구려를 넘볼 수 없었다.
　　-연개소문은 독재자다 : 연개소문은 권력을 잡기 위해 궁궐로 쳐들어가 영류왕과 귀족들을 모두 죽이고 왕의 조카인 보장을 왕으로 세웠다. 연개소문은 왕에 버금가는 최고의 권력을 쥐고 고구려를 자기 마음대로 쥐락펴락했다. 정당한 방법이 아닌 힘으로 권력을 잡았으므로, 영웅이 아닌 독재자로 봐야 한다.

『왕오천축국전』 지은 혜초

♣31쪽
1. 독해력과 추론하는 능력을 기른다.
☞예시 답안
　　불교를 더 공부하고 싶었기 때문이다. 그때 중국에는 신라에 없는 많은 불교 서적과 부처의 나라인 인도에서 온 많은 스님이 있었기 때문이다.
2. 배경 지식을 바탕으로 추론하는 능력을 기른다.
☞예시 답안
　　"인도로 가는 길은 매우 험난하다네. 그래도 꼭 가고 싶은 자네 마음을 이해하네. 인도에서 석가모니가 남긴 유적을(를) 보고, 오는 길에 도둑이나 모래바람을 조심할 것이며, 날씨가 추우니 옷을 꼭 많이 준비하도록 하게."
3. 배경 지식을 바탕으로 추론하는 능력을 기른다.
☞예시 답안
　　길은 위험하고 눈 덮인 산은 높은데
　　험한 계곡에는 (도둑)이 길을 막네.
　　평생 눈물 흘린 적 없는 나인데
　　오늘은 계속 (눈물)을 뿌린다오.

♣32쪽
4. 배경 지식을 바탕으로 독해력과 추론 능력을 기른다.
☞예시 답안
　　혜초는 신라 시대 경주에서 태어난 스님입니다.
　　혜초는 인도와 아랍을 여행했습니다.
　　혜초는 여행에서 돌아온 뒤 『왕오천축국전』이라는 책을 썼습니다.
　　그 책에는 혜초가 본 불교 유적지와 인도인과 아랍인의 생활 모습, 자연 환경 등이 적혀 있습니다.
　　혜초는 여행을 통해 세상에는 다양한 사람들이 산다는 사실을 느꼈습니다.
　　혜초는 목숨을 걸고 자신이 하고 싶은 일에 도전했기 때문에 위대합니다.
5. 배경 지식을 바탕으로 논리적으로 설득하는 능력 등을 기른다.
☞예시 답안
　　혜초는 대한민국의 조상인 신라인입니다. 따라서 그가 지은 『왕오천축국전』은 신라를 이어받은 대한민국의 귀중한 재산입니다.
　　『왕오천축국전』을 프랑스로 가져간 펠리오는 그때 중국에 있는 유물을 마음대로 가져갔는데, 그 유물들 가운데 『왕오천축국전』이 있었습니다.
　　혜초가 프랑스에서 귀중한 유물을 마음대로 가져왔다면, 오늘날 프랑스도 돌려 달라고 요구할 것입니다.
　　돈을 내고 산 것도 아니니, 주인이 밝혀진 이상 우리의 값진 유물인 『왕오천축국전』을 대한민국에 돌려 줘야 할 것입니다.

조선을 세운 태조 이성계

♣37쪽
1. 독해력을 기른다.
☞예시 답안
　　홍건적과 일본 해적을 물리쳤다. 홍건적은 중국 원나라 때 활동한 농민 반란군이다. 고려에 두 번이나 쳐들어왔지만 이성계가 물리쳤다. 일본 해적은 바닷가 마을을 공격해 백성들을 죽이고 재물을 마구 빼앗아갔는데, 이성계가 전라도로 가서 우리 군사보다 10배나 많은 일본 해적을 물리쳤다.
2. 배경 지식을 바탕으로 추론하는 능력과 상대를 설득하는 논리력이 필요하다.
☞예시 답안
　　농사에 바쁜 여름이라서 농민을 이끌고 전쟁에 나가면 농사를 지을 수 없다. 또 중국과 싸우는 동안 남쪽에서 일본 해적이 쳐들어오면 막을 수 없다. 그리고 장마철이라서 활이 약해지면 싸우기 어렵고, 군사들이 전염병에 걸릴 수도 있다.

♣38쪽
3. 본문에서 얻은 지식을 바탕으로 역사적 사실을 추론하는 능력을 기른다.
☞예시 답안
　　질 것이 뻔한데도 중국을 공격하라는 왕의 명령을 어기고 군사를 돌려 보복이 두려웠기 때문이다/넓은 땅을 가진 귀족들이 백성들에게 농사를 짓게 했는데, 백성들은 농사를 지어 거둔 곡식의 절반을 바쳐야 해서 살기 힘들었기 때문이다/북쪽에서는 홍건적이, 남쪽에서는 일본 해적이 쳐들어와 백성들을 괴롭혔기 때문이다/어려움에 빠진 백성들이 도둑이 되거나 노비가 되는 것을 보았기 때문이다 등.
4. 본문에서 얻은 교훈을 바탕으로 현실의 문제를 해결하는 능력을 기른다.
☞예시 답안
　　이성계처럼 새로운 나라를 세운다면 백성들이 잘살고 힘이 센 나라를 세우고 싶다. 백성들은 나라 발전의 바탕을 이룬다. 백성들이 힘들게 살면 나라의 힘도 약해진다. 따라서 가난한 백성들이 굶주리지 않도록 보살필 것이다. 또 최신 무기를 많이 갖추고, 군인들도 잘 훈련시켜 군사력도 강하게 만들고 싶다. 백성들이 안심하고 평화롭게 살려면, 다른 나라가 쳐들어오지 못하도록 군사력이 강해야 하기 때문이다

백성의 영웅 홍길동

♣43쪽
1. 독해력을 바탕으로 역사적 신분제도의 개념을 익힌다.
☞예시 답안

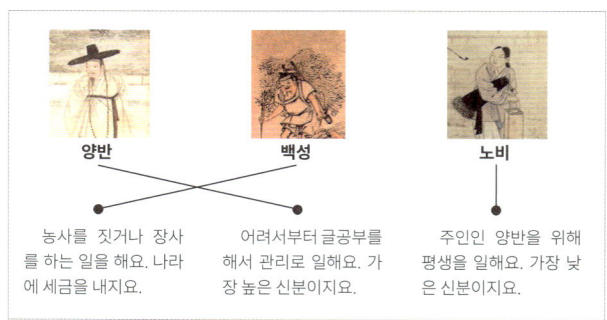

2. 독해력을 바탕으로 추론하는 능력과 창의력을 기른다.
☞예시 답안
　　아버지, 어머니!
　　사람은 모두 평등하다고 생각합니다. 신분에 따라 차별하는 것은 잘못이라고 생각해요.
　　저는 잘못된 사회를 바로잡기 위해 집을 떠납니다. 모든 사람들이 차별을 받지 않는 세상을 만들기 위해 노력하겠습니다.
　　안녕히 계세요.
　　　　　　　　　　　　　　　　　　○월 ○일 아들 길동이 올림.
3. 학습한 정보를 바탕으로 정보를 선별하는 능력을 기른다.

☞예시 답안
　백성의 재산을 함부로 빼앗는 양반과 관리를 혼내 줬다/가난한 백성을 자신의 노비로 만든 양반을 혼내 줬다/양반과 관리들의 재물을 빼앗아 백성들에게 나눠 줬다 등.

♣44쪽
4. 공부한 정보를 바탕으로 분석력과 논리력을 기른다.
☞예시 답안
- 나는 홍길동을 강도라고 생각해.
　왜냐하면 홍길동은 도둑질을 했기 때문이야. 백성의 재산을 빼앗는 등 나쁜 짓을 한 관리는 나라에서 정한 법에 따라 벌을 줘야 해. 홍길동은 법관도 경찰관도 아니야. 그런데 자기 마음대로 양반과 관리를 혼내 주고 재물을 빼앗은 것은 잘못이야. 그 재물을 백성에게 나눠 줬다고 해도 분명한 강도짓이야.
- 나는 홍길동을 영웅이라고 생각해.
　왜냐하면 억울한 백성을 도와줬기 때문이야. 그때 양반과 관리들은 백성의 재산을 함부로 빼앗었어. 백성은 억울한 일을 당해도 나라에서 해결해 주지 않았지. 홍길동은 백성을 괴롭히던 양반과 관리들을 혼내 주고, 그들의 재산을 빼앗아 백성에게 돌려 줬어. 그러니 억울한 백성을 도와준 홍길동은 영웅이야.

5. 역사적 사실에서 교훈을 얻어 현실 문제를 해결하는 능력과 추론하는 능력 등 종합적인 능력을 기른다.
☞예시 답안
　홍길동이 세운 율도국은 신분제도가 없고 가난한 사람도 부자도 없이 모든 사람이 평등하게 사는 나라일 것 같아요.
　내가 만들고 싶은 나라는 학생들이 자기만 다른 학생들보다 앞서기 위해 성적 경쟁에 얽매이지 않고, 마음껏 뛰어놀면서도 함께 공부해서 문제도 함께 해결하는 나라입니다.

왜군을 물리친 '발명왕' 정평구

♣49쪽
1. 독해력과 정보를 선별하는 능력을 기른다.
☞예시 답안
　비거(하늘을 나는 수레)를 만들어 식량과 사람을 실어 나르고, 폭탄을 실어다가 일본군 머리 위에 떨어뜨렸다/좋은 화약을 만들어 일본군을 물리치는 데 큰 공을 세웠다/벌과 화약이 들어 있는 상자를 길목에 놓아두어 일본군을 다치거나 죽게 만들었다 등.

2. 본문에서 얻은 정보를 정리하는 능력을 기른다.
☞예시 답안
　생긴 모습 : 고니처럼 생김.
　만든 재료 : 대나무와 무명, 가죽 등.
　날 수 있는 최대 거리 : 약 200미터.
　어떻게 이용했나 : 성 바깥으로 나가 구해 달라는 연락을 했음/식량을 실어 날랐으며, 위기에 빠진 백성들을 구하기도 했음/폭탄을 실어다가 일본군 머리 위에 떨어뜨리기도 했음 등.

♣50쪽
3. 본문에서 얻은 지식을 바탕으로 확산적 사고를 기르는 문제.
☞예시 답안
　왜적이 오는 길목에 구덩이(함정)를 파거나 큰 그물망을 설치해 놓고 기다렸다가 잡는다/똥대포와 불을 쏘는 화차 등 새로운 무기를 만든다 등.

4. 역사적 사실에서 얻은 교훈을 적용해 직업 정신도 배우고 문제 해결 능력도 기른다.
☞예시 답안
　발명가가 되려면 주변에서 일어나는 일에 항상 호기심을 가지고 관찰해야 합니다. 생활에서 불편함을 찾아 해결하려는 마음도 가져야 합니다. 그리고 자신이 만들고 싶은 물건과 관련된 과학 지식도 많이 갖추어야 합니다. 가장 중요한 것은 목표를 이루기 위해 포기하지 않고 끝까지 도전하는 마음가짐입니다. 발명을 하다 보면 실패를 거듭하는 일이 자주 일어납니다. 이런 일을 겪어도 꺾이지 말고 끝까지 노력해야 정평구처럼 다른 사람들에게 도움이 되는 발명에 성공할 수 있습니다.

백성을 사랑한 암행어사 박문수

♣55쪽
1. 독해력을 기른다.
☞예시 답안
　유척, 마패, 사목, 엽전, 짚신, 옷 등.

2. 인과 관계에 의한 추론 능력을 기른다.
☞예시 답안
　암행어사를 지내면서 백성들의 억울함과 어려운 점을 해결해 주려고 최선을 다했기 때문이다. 또 백성의 편에 서서 백성을 괴롭히는 관리들의 잘못을 찾아내 벌을 주고, 잘못된 점을 바로잡았기 때문이다.

♣56쪽
3. 본문에서 얻은 지식을 바탕으로 창의적으로 사고하는 능력을 기른다.
☞예시 답안
　관리의 잘못을 판단하고 벌을 줘야 하기 때문에 공정함을 지키는 능력이 필요하다/끼니를 굶으며 지방을 오랫동안 돌아다녀야 하고, 때론 산속에서도 지내야 하기 때문에 배고픔과 추위를 참는 능력이 필요하다/암행어사는 과거에 합격한 사람 가운데서 뽑기 때문에 공부를 열심히 하는 능력이 필요하다/여러 가지 생각하지 못한 일들이 벌어지기 때문에 임기응변 능력이 필요하다 등.

4. 역사적 사실에서 교훈을 얻어 현실의 문제를 해결하고 논리적으로 서술하는 능력을 기른다.
☞예시 답안
　우리 반 암행어사가 된다면 친구들에게 들키지 않게 조심하면서 학급에서 일어나는 일들을 자세하게 관찰할 것이다. 그래서 반에서 친구들을 괴롭히는 친구가 있다면 괴롭히면 안 되는 이유를 설명하고, 앞으로 사이좋게 지내도록 말을 잘 할 것이다. 또 몸이 불편하거나 공부를 힘들어하는 친구들이 있으면 곁에서 도움을 주도록 하겠다.

바다 생물 백과사전을 만든 정약전

♣61쪽
1. 독해력을 기른다.
☞예시 답안
　흑산도 사람들이 물고기의 이름이나 쓰임새를 잘 몰라 겪는 어려움을 덜어 주기 위해서였다.

2. 독해력을 기른다.
☞예시 답안
　조선은 태어나면서부터 각자 정해진 신분이 있었는데, 천주교는 모든 사람은 평등하다고 가르쳤기 때문이다/조선은 유교를 믿는 국가여서 조상에게 제사를 지내는 것을 중요하게 여겼는데, 천주교는 조상에게 제사를 지내지 못하게 했기 때문이다 등.

♣62쪽
3. 본문에서 얻은 지식을 바탕으로 추론하는 능력과 창의력을 기른다.
☞예시 답안
　가족들과 떨어져 외딴 섬에서 홀로 유배 생활을 했기 때문에 어둡고 슬픈 느낌이 드는 '흑산'이라는 말 대신 같은 뜻을 가진 다른 말을 쓴 것이다.
　나라면 책의 제목을 『현산어보』라고 고칠 것이다. '현'이라는 글자에도 '검다'는 뜻이 들어 있기 때문이다. 현자를 쓰면 슬프고 어두운 느낌이 들지 않을 것이다.

4. 역사적 사실에서 교훈을 얻어 현실의 문제를 해결하고 논리적으로 서술하는 능력을 기른다.
☞예시 답안
　내가 쓰고 싶은 책은 개에 관한 것이다. 개에 관해 연구하려면 먼저 대학에서 수의학을 전공해야 한다. 그러려면 경쟁이 심하기 때문에 지금부터 공부도 열심히 해야 한다. 무엇보다 지금부터 개를 키우며 호기심을 가지고 관찰하고, 개에 관련된 책이나 인터넷 자료를 틈틈이 찾아 모으겠다. 개의 종류와 생김새, 특성 등으로 나누고, 개를 잘 키울 수 있는 방법도 조사하겠다.
　그리고 학자가 되어서는 세계의 개를 연구해 『세계의 개에 관한 모든 것』이라는 책을 지을 것이다.

평등한 세상을 꿈꾼 '녹두장군' 전봉준

♣67쪽
1. 배경 지식을 통해 노래 가사의 비유적인 뜻을 아는 능력을 기른다.
☞예시 답안

'파랑새'는 일본군을 뜻하는데, 일본군이 그때 푸른색 군복을 입었기 때문이다. '녹두꽃'은 전봉준을 말한다. 사람들이 전봉준을 '녹두장군'이라고 불렀기 때문이다.

2. 독해력과 배경 지식을 이용해 창의성을 기른다.
☞예시 답안

'농민군 대장'이라고 붙이고 싶다. 나쁜 벼슬아치와 일본군을 무찌르기 위해 농민군을 이끌고 나섰기 때문이다.

3. 독해력을 바탕으로 분석력과 요약 능력을 기른다.
☞예시 답안

전봉준이 살던 때는 백성들이 가난해 빚에 쫓기고 무거운 세금에 눌려 어렵게 살아야 했다. 그래서 자기 땅을 잃은 채 벼슬아치들의 땅에서 농사를 짓는 소작인이 되었다.

그래서 전봉준은 '누구나 하늘처럼 귀하고 평등하기 때문에 서로 존경하고 도우면 살기 좋은 세상이 온다.'고 믿는 동학을 실천해 평등한 세상을 꿈꾸었다.

♣68쪽
4. 배경 지식을 바탕으로 창의적인 문제 해결 능력을 기른다.
☞예시 답안

신식 무기로 무장한 일본군과 직접 맞서지 않고, 그들을 유인해 산골짜기 등 막다른 곳으로 몰아넣은 뒤 유리한 지형을 이용해 한꺼번에 공격했을 것이다 등.

5. 종합적인 배경 지식과 상황에 맞는 서술 능력이 필요하다.
☞예시 답안

 동학농민운동이 성공하지 못해 너무 아쉽습니다. 이 운동은 왜 일으키셨나요?

 처음엔 농민들을 괴롭히는 못된 벼슬아치들을 혼내 주기 위해 일으켰습니다. 나중에는 우리나라를 빼앗으려는 일본군을 물리치는 목표도 생겼지요.

 일본군을 몰아내려다 어이없게 졌는데, 왜 패했다고 생각하세요?

 못된 벼슬아치들을 쉽게 물리쳤기 때문에 일본군도 얕본 것이 잘못입니다. 그 정도로 신식 무기를 갖추고 있을 줄은 몰랐거든요. 다시 철저하게 준비해 싸우려고 했는데, 부하가 저를 몰래 일러바치는 바람에 실패하고 말았지요.

 동학농민운동은 우리 땅에서 일본군을 몰아내려다 실패했지만 큰 가치가 있는데, 이 운동이 왜 중요하다고 생각하시나요?

 이 운동을 계기로 농민 모두가 뜻을 모을 수 있었습니다. 나와 농민군은 백성을 괴롭히던 벼슬아치들에게 벌을 주었으며, 그들의 땅도 되찾아 돌려주었어요. 결국 실패하고 말았지만, 백성이 중심이 되어 일본과 맞선 애국 운동이었으며, 나중에 일본이 우리나라를 빼앗았을 때 수많은 독립 운동이 일어난 밑거름이 되었습니다

조국의 독립 위해 목숨 바친 윤봉길

♣73쪽
1. 독해력을 기른다.
☞예시 답안

우리 국민을 일본 사람으로 만들려고 학교에서 우리말과 글을 사용하지 못하게 했으며, 우리 역사 대신 일본 역사를 가르쳤다/농민들이 수확한 곡식을 아주 싼값에 빼앗다시피 가져갔다/석탄과 쇠붙이 등 전쟁에 필요한 물건을 닥치는 대로 가져갔다/한국인들을 강제로 끌어다 돈도 안 주고 광산과 공장에서 일하게 했다 등.

2. 독해력을 기른다.
☞예시 답안

학교를 열어 자신이 지은 책으로 마을 사람들에게 글을 가르쳤다/독립 운동을 하기로 마음먹고 임시정부가 있는 중국의 상하이로 갔다/상하이 홍커우공원에서 열린 일본 왕의 생일 기념 행사에 폭탄을 던졌다 등.

♣74쪽
3. 역사적 사실에서 교훈을 얻어 현실의 문제를 해결하고 논리적으로 서술하는 능력을 기른다.
☞예시 답안

나라의 힘을 강하게 만들려면 군사력뿐만 아니라 경제력, 과학 기술의 힘, 문화의 힘을 키울 수 있어야 한다.

나는 나중에 우리 상품을 외국에 수출하는 기업가가 될 것이다. 그래서 지금부터 영어와 중국어 등 외국어를 틈틈이 공부하고, 전문적 경제 지식을 갖추기 위해 대학에서 경제를 공부할 것이다

4. 독해력을 바탕으로 논리적으로 사고하는 능력을 기른다.
☞예시 답안

윤봉길이 존경을 받는 까닭은 조국의 독립을 위해 자신의 목숨까지 바쳤기 때문이다. 그리고 두 아들에게도 자신의 뜻을 이어받아 조국을 되찾기 위해 싸우라고 말했다. 자신과 가족의 안전이나 이익보다 조국의 독립을 더 중요하게 여긴 것이다. 윤봉길이 이러한 큰 정신을 가지고 있었기 때문에 일본 왕의 생일을 기념하는 행사장에 폭탄을 던질 수 있었다. 윤봉길의 몸을 바치는 애국 정신 덕분에 우리 국민은 그 뒤 독립 의지를 다지고, 국제 사회에도 우리 국민의 독립 의지를 널리 알릴 수 있었다.

-끝-

한눈에 보는 한국사 연표 (선사 시대~대한민국)

우리나라	연대	사건	중국	서양사
선사 시대 ~ 고조선	기원전 8000년경	신석기 형성(간석기)	황하 문명	
	2333	고조선 건국(단군왕검)		
	1122년경	고조선 8조금 제정	은	
	1000년경	청동기 시작(민무늬토기, 고인돌)	주	
	800년경	고조선, 왕검성에 수도 정함	춘추 전국	
	450년경	부여 성립(소이고 상투)		
	400년경	철기 보급	진	
	194	위만, 고조선의 왕이 됨(위만조선)		
	108	고조선 멸망	한	
	59	해모수, 북부여 건국		
	57	박혁거세, 신라 건국		
	37	주몽, 고구려 건국		
	18	온조, 백제 건국		
삼국 시대	(기원전) (서기) 42	가야 건국		
	194	고구려, 진대법 실시(을파소)	삼국 시대	
	260	백제, 율령 반포 (고이왕)		
	313	고구려, 낙랑군 멸망	진	
	372	백제, 왜에 칠지도 하사/고구려, 불교 전래		
	381	백제, 불교 전래		고대 사회
	391	고구려, 광개토왕 즉위		
	414	고구려, 광개토왕비 세움	5호 16국	
	427	고구려, 평양 천도, 안학궁 건립		
	433	나제동맹 성립		
	449	신라, 충원 고구려비 세움		
	458	백제, 불교 전래		
	475	신라, 국호를 신라, 왕호를 왕이라 칭함	남북조 시대	
	503	신라, 국호를 신라, 왕호를 왕이라 칭함		
	512	신라, 이사부 우산국 정벌		
	520	신라, 율령 반포 (법흥왕)		중세 사회
	528	신라, 이차돈 순교로 불교 공인		
	538	백제, 사비 천도, 국호를 남부여라고 함		
	551	백제와 신라, 연합해 고구려 공격		
	554	백제 성왕, 신라와의 관산성 싸움에서 전사		
	555	신라, 북한산에 진흥왕 순수비 건립		
	610	고구려 담징, 일본 호류사에 금당벽화 그림	수	
	612	고구려 을지문덕, 살수대첩		
	645	고구려, 안시성 싸움 승리	당	
	660	신라와 백제 황산벌 전투, 백제 멸망		
	668	고구려 멸망		
660	백제 멸망			
668	고구려 멸망			

우리나라	연대	사건	중국	서양사
통일신라, 발해	676	신라, 삼국 통일	당	
	685	전국을 9주 5소경으로 편성		
	692	설총, 이두 정리		
	698	대조영, 발해 건국		
	702	무구정광대다라니경 인쇄		
	727	혜초, 『왕오천축국전』 저술		
	751	김대성 불국사와 석굴암 창건		
	756	발해, 상경용천부 천도		
	771	성덕대왕신종 주조		
	828	장보고, 완도에 청해진 설치		
	894	최치원, '시무 10조' 올림		
	900	견훤, 후백제 건국		
	901	궁예, 후고구려 건국		
고려 시대	918	왕건, 고려 건국	5대 10국	
	926	발해, 거란에 멸망		중세 사회
	935	신라 멸망		
	936	고려, 후삼국 통일		
	958	과거 제도 제정		
	993	거란 1차 침입 (~1018년까지 3차 침입)	북송	
	996	건원중보 주조		
	1019	강감찬, 귀주대첩		
	1033	천리장성 축조		
	1102	해동통보 주조		
	1107	윤관, 여진 정벌 (9성 건설)		
	1126	이자겸의 난		
	1135	묘청의 난 (서경 천도 운동)		
	1145	김부식, 『삼국사기』 50권 편찬	남송	
	1170	무신정변		
	1176	망이와 망소이의 난		
	1196	최충헌 정권 장악		
	1231	1차 몽골 침입 (~1257년까지 7차례 침입)		
	1234	상정고금예문 (세계 최초 금속 활자) 간행		
	1251	팔만대장경 완성		
	1270	강화에서 개경 환도, 삼별초의 항쟁	원	
	1285	일연, 『삼국유사』 완성		
	1363	문익점, 원에서 목화씨 가지고 옴		
	1377	『직지심경』 간행, 화포 최무선, 화통도감 설치	명	
	1388	이성계 위화도 회군		

79

우리나라	연대		사건	중국	서양사
	1392	1392	고려 멸망, 이성계, 조선 건국	명	중세 사회
고려 멸망, 태조 이성계 조선 건국		1394	한양 천도, 정도전, 『경국대전』 편찬		
		1400	2차 왕자의 난, 태종 즉위		
		1402	호패법 실시		
		1413	조선 8도 완성		
		1418	세종 즉위, 집현전 설치		
		1432	『삼강행실도』 편찬		
		1441	장영실, 세계 최초로 측우기 설치		
		1443	훈민정음 창제		
		1446	훈민정음 반포		
조선 시대		1456	사육신 처형(단종 복위 사건)		
		1474	성종, 『경국대전』 반포		
		1506	중종반정		근대 사회
		1543	백운동서원(최초 서원) 건립		
		1568	이황, 『성학십도』 지음		
		1583	이이, 10만 양병설 건의		
		1592	임진왜란 발발, 한산도대첩		
		1593	행주대첩		
		1597	정유재란		
		1598	이순신, 노량해전서 전사		
		1609	일본과 국교 재개(기유약조)		
		1610	광해군, 허준, 『동의보감』, 조선 편찬		
		1623	인조반정		
		1627	정묘호란, 박연 일행 제주도 표착		
		1636	병자호란	청	
		1678	상평통보 주조		
		1708	대동법 전국 시행		
		1712	백두산정계비 세움		
		1725	영조, 탕평책 실시		
		1750	균역법 실시		
		1780	박지원, 『열하일기』 지음		
		1788	천주교 금지		
		1792	정약용, 거중기 발명		
		1796	화성 완성		
		1811	홍경래의 난		
		1818	정약용, 『목민심서』 완성		
		1860	최제우, 동학 창시		
		1861	김정호, 대동여지도 간행		

우리나라	연대		사건	중국	서양사
1863 고종 즉위 흥선대원군 집권		1863	고종 즉위, 흥선대원군 집권	청	
		1865	경복궁 중건(~1872년)		
		1866	제네랄 셔먼호 사건 발발, 병인양요		
		1871	신미양요, 서원 철폐		
		1876	강화도조약 체결		
		1883	태극기를 국기로 제정, 한성순보 창간		근대 사회
개항기		1884	갑신정변, 우정국 설치		
		1894	갑오개혁 추진, 동학농민운동		
		1895	을미사변		
		1897	아관파천, 독립협회 결성, 독립신문 창간		
		1899	경인선 철도 개통		
		1905	을사조약, 동학을 천도교로 개칭		
		1907	국채 보상 운동, 헤이그 밀사 사건, 고종 퇴위		
		1909	안중근, 이토 히로부미 사살		
1910 조선총독부 설치		1910	국권 피탈(일제강점기 시작)		
		1914	대한광복군 정부 수립		
		1919	3·1 독립운동, 대한민국 임시정부 수립	중화 민국	
일제 강점기		1920	봉오동과 청산리 전투 승리		
		1926	6·10 만세운동 발발		
		1932	이봉창·윤봉길 의거		
		1936	손기정, 베를린올림픽 마라톤 우승		
1945 8·15 광복		1940	한국광복군 창설, 창씨개명 실시		
		1945	8·15 광복, 모스크바 3상 회의		
1948 대한민국 정부 수립		1948	대한민국 정부 발족		현대 사회
		1950	한국전쟁 발발		
		1953	휴전협정 조인		
		1960	4·19 혁명		
		1961	5·16 군사정변		
		1962	1차 경제개발 5개년 계획 수립	중화인민 공화국	
대한민국		1970	경부고속도로 개통		
		1972	7·4 남북 공동성명 발표, 남북 적십자회담		
		1979	10·26 사태		
		1980	광주민주항쟁(5·18 민주화운동)		
		1988	24회 서울올림픽 개최		
		1990	소련과 국교 수립		
		1994	북한 김일성 사망		
		2000	남북 정상회담 6·15 공동선언 발표		
		2002	한·일 월드컵 개최		

80